剖 析 政 經 新 形 勢

透 視 發 展 新 思 維

香港

下一個

5

年

目 錄

序
香港下一個5年是關鍵時刻

文灼非
灼見名家傳媒社長

經歷過2019年的修例風波引發大規模的社會事件，加上兩年多來的疫情肆虐，運輸、旅遊、餐飲、零售、文康、演藝、會展以至傳媒等行業都備受衝擊，與內地通關又遙遙無期，令香港經濟雪上加霜。

政治方面，香港也經歷了巨變，《港區國安法》實施一年多後，社會趨向平靜，多個歷史悠久、規模龐大的團體、傳媒主動宣布結束解散，速度之快，令人感到意外。中央又提出完善選舉制度的新安排，半年內三個重要選舉相繼舉行，香港的政治局面出現巨變，特別是下一屆行政長官的人選究竟是由現任特首連任，抑或中央另有人選，成為近月城中熱話。

去年灼見名家傳媒的七周年論壇主題是：香港下一個5年。我們構思這個主題時，一方面是中央政府在2021年初發表的「十四五」規劃提出香港的未來發展方向，特別是大灣區的機遇，讓香港的優勢可以充份發揮；另一方面，特首選舉後香港下一個五年將有什麼發展方略，是很值得探討的議題。

今年是香港慶祝回歸25年，一國兩制即將走了一半的道路，是時候好好回顧、檢討港人治港、高度自治在過去20多年的表現，這個史無前例的實驗是否成功？有哪些地方需要改善？河水不犯井水是否已經不合時宜？兩地不同的社會制度日後將如何更好的融合？

香港下一個5年，承先啟後，繼往開來，需要各界有識之士出謀獻策，共建更美好的未來，灼見名家傳媒一直為社會提供一個持平、中肯的議事平台。

2016年11月28日當本社慶祝成立兩周年舉辦周年論壇，邀請了時任政務司司長的林鄭月娥女士擔任主禮嘉賓，她提出的香港8大願景，引起各界廣泛的關注與討論。不到一個月後她參選特首，以此8大願景作為競選政綱；出任特首後更作為她的《施政報告》藍圖，在我們的三周年論壇她以特首身份再擔任主禮嘉賓，分享參選的心路歷程及提出她的施政新思維。

去年特首答應出席七周年論壇就香港下一個5年作主題發言，引發廣泛的討論及報道。參加論壇的其他10位演講嘉賓都是一時之選，就政治新形勢、發展新思維、經濟新動力及金融新機遇提出真知灼見，為香港下一個5年把脈與建言。本書的內容是各位講者的獨家專訪及深度發言。

過去四分之一世紀香港歷盡亞洲風暴、樓市泡沫、律政紛爭、沙士危機、經濟蕭條、金融海嘯、國教爭議、金鐘佔領、旺角暴亂、修例風波、移民風潮、世紀疫症……我們都能夠化險為夷，氣數未盡，下一個5年，期望有新的機遇、新的發展，走出困局，迎接港人治港的下一個25年。

（政府新聞處）

林鄭月娥：
下一個5年更能看到有成績

採訪、整理：本社編輯部 ｜ 圖片：本社編輯部

林鄭月娥 大紫荊勳賢，GBS。1980年8月加入香港政府政務職系，並在2006年9月晉升為首長級甲一級政務官。2007年7月1日獲委任為發展局局長，成為主要官員，並在2012年7月1日獲委任為政務司司長。

出任行政長官前，先後在20個不同公務崗位服務市民超過36年，包括社會福利署署長、房屋及規劃地政局常任秘書長（規劃及地政）、香港駐倫敦經濟貿易辦事處處長、民政事務局常任秘書長、發展局局長和政務司司長。

2017年3月26日當選為香港特別行政區第五任行政長官，並於3月31日獲中央人民政府任命為第五任行政長官，於2017年7月1日就職。

行政長官林鄭月娥出席灼見名家周年論壇暨七周年慶典，發表「經歷了四年多磨煉的行政長官的肺腑之言」，表達她對香港下一個5年、下一個10年、下一個15年的期許。

灼見名家周年論壇暨七周年慶典：「香港下一個5年」2021年10月25日假海洋公園萬豪酒店舉行，行政長官林鄭月娥出席擔任主禮嘉賓，這是她在禮賓府跌傷導致手肘輕微骨折，休息一周恢復工作的首個活動。適逢她剛發表本屆政府最後一個《施政報告》，而新一屆行政長官選舉將於2022年5月舉行，令林鄭月娥在論壇的發言備受關注。

這是林鄭月娥第三次出席灼見名家周年論壇，2016年年底她出席二周年論壇，距離政務司司長的任期結束只剩半年多，當時她以香港八大願景為主題發表演說，引起猜測她是發表競選行政長官的政綱，林鄭月娥當時表示這並非競選行政長官的政綱，只是一個服務了香港30多年的公務人員的臨別贈言。

在七周年論壇的發言中，她亦表示「今日我講的任何說話亦都不是競選連任的政綱，大家可以視之為一位經歷了四年多磨煉的行政長官的肺腑之言」。以下是林鄭月娥發言和答問環節全篇內容，讓讀者細嚼她提出的願景。

潘主席（灼見名家董事會主席潘燊昌博士）、灼非（灼見名家傳媒社長文灼非）、各位講者、各位嘉賓、各位傳媒朋友：

大家早晨。正如剛才戴健文（論壇主持人）所說，今日是我受傷小休之後恢復工作的第一天，這亦是第一個活動，我很高興能夠應約出席灼見名家七周年的論壇。事實上過去幾天有不少行政長官應該出席的活動，我都沒有辦法前往，在此向那些活動的主辦機構

致歉，亦藉此機會對向我送上祝福、慰問的很多朋友以及很多我不認識的市民，表示衷心的感謝。

局面好亦不能掉以輕心

這一次小小的意外，其實都有一定的啟發性。最近隨着《2021年施政報告》發表，我不斷唱好香港，説香港已經進入一個新局面、一個新時代；但做人就是這樣，做政府亦是一樣，在局面好的時候不能夠掉以輕心，應該更加謹慎，因為風險和暗湧仍然存在。

正如灼非所説，我已經是第三次出席這個年度的聚會。兩周年時的2016年年底，距離我政務司司長的任期結束只剩半年多，當時以「香港八大願景」為主題，我記得發表了一個很長的演講，無可避免會引起很多的猜測，説那是我競選行政長官的政綱。

當日我開宗明義説大家千萬不要這樣看，這並不是競選行政長官的政綱，只是一個服務了香港30多年的公務人員的臨別贈言。同樣地，今日我講的任何説話亦都不是競選連任

> 「香港的形勢仍然是非常複雜，仍然會是千變萬化，尤其是在中美的鬥爭當中，我們其實是在風暴的中間，所以大家無論在日常的公務、做生意，或者就算是個人生活上都要保持警覺性，這樣就會安全大吉。

稍後鄧炳強局長和大家談談「香港新形勢」，大家今日看到香港的治安非常好，困擾着我們一段很長時間的暴力、「起底」、滋擾等都好像沉寂下來，但都不要掉以輕心。我相信稍後Chris（保安局局長鄧炳強）都會提醒大家，香港的形勢仍然是非常複雜，仍然會是千變萬化，尤其是在中美的鬥爭當中，我們其實是在風暴的中間，所以大家無論在日常的公務、做生意，或者就算是個人生活上都要保持警覺性，這樣就會安全大吉。

的政綱，大家可以視之為一位經歷了四年多磨煉的行政長官的肺腑之言。

在三周年的論壇，我當時已經就任行政長官，亦責無旁貸和大家分享我作為行政長官的施政新思維；但好景不常，大家知道，我上任不足兩年就發生了很嚴重，可以説是回歸以來最嚴峻的挑戰，香港當時是面臨一個極大危害國家安全的風險，隨之而來的就是差不多歷時兩年的疫情。

事實上我有很多肺腑之言是值得向大家説説

林鄭月娥出席灼見名家七周年論壇，分享她出任行政長官四年多的「肺腑之言」。

的，不過可惜大會只安排了半小時，我的肺腑之言是沒有可能在半小時可以說完。

一個星期前在另一個傳媒論壇，它都只是預期我說10分鐘，結果我說了45分鐘；但今日我連留下來向大家多說一點時間的機會都沒有，因為復工後，我連續有四個活動，由現在到午餐時間有四個活動要出席，所以我選擇只說一點，然後留少許時間給戴健文，他想問我什麼問題我就回答他。

爭取15年做好北部都會區

我明白灼見名家在七周年的論壇選擇以「香港下一個5年」為題，因為我們都是5年一屆

政府；但正正在今年《2021年施政報告》展現的，就是有了一個良好的局面、有了中央的支持、有了我們回復一國兩制的初心、回到正確的軌道，我們不應該只看5年。我們應該看得更長遠，無論在城市規劃、土地開拓、房屋興建，以至建立一個國際科技創新中心，都不是一個5年的光景可完成。

這亦是為什麼我作為香港大學的校監，我非常支持提早請張翔教授延任，張翔教授將會繼續是港大校長，直到七、八年後，因為大家都看到不是5年光景可以做得到，香港現在正正需要一種比較長遠的願景，然後陸續沿着一條正確軌道，將這個願景落實。

行政長官林鄭月娥出席灼見名家七周年論壇,與出席嘉賓一同展示「香港下一個五年創美好明天」。

我第一點想說的,就是以前我們沒有這種膽量、沒有這種見識,或者真的沒有這個條件,可以給香港規劃未來;但現在既然經過中央兩大舉措,包括2020年6月30日頒布然後在香港實施的《港區國安法》,為我們恢復了穩定,亦包括完善了選舉制度,令我們可以確保「愛國者治港」,我們不應該錯失這個機會,再以一種比較短視的眼光去看香港未來的發展。

在未來的發展裏,離不開融入國家發展大局,這亦是今次在《施政報告》提出《北部都會區發展策略》的大背景,稍後凌嘉勤教授會跟大家分享,因為基本上是我和他二人「黑箱作業」做出來的。北部都會區亦不是5年光景,我們談的是20年,但我們爭取15年,如果15年可以做好北部都會區,我們會感到非常安慰。

耐心支持為香港規劃未來

大家亦不要太有野心認為很快能完成,因為有些事情不能快,我不是說一些法定或行政程序,事實上很多事情是需要一個有機的過程去發展,欲速則不達,請大家有耐心地去支持我們為香港規劃這個未來。

這本《施政報告》當然又引來一些遐想,就是說這個時候談如此長遠的規劃,還不是在想下一個5年?我希望大家留意《施政報告》的第一段,它說雖然是去到最後的一本《施政報告》,但我和我同事都很重視這份《施政報告》。

正正就是因為有了剛才所說的良好局面,所以我們做了比以往更多的公眾諮詢,無論在網上、線下、走入校園、出席由港台舉辦的公眾論壇,不約而同很多發言的人,包括普通人、

市民，他們亦有跟我一樣的想法，説有了良好局面，現在是砥礪前行，重新出發，為香港謀劃未來的時候；或者説得通俗一點，就是現在是做事的時候。這種「現在是做事的時候」，我希望亦會承傳到即將會進行的第七屆立法會選舉。（編者按：第七屆立法會選舉已於2021年12月19日舉行。）

籲有志人士身體力行參政

還有不多於一星期，第七屆立法會選舉將會進入提名期，我都趁此機會呼籲有志的人士、熱愛香港的人士、符合「愛國者治港」的人士，要積極去參與這場選舉，因為我們已經沒有藉口不去做事。如果是有志的人士、有能力的人士、時常在灼見名家批評特區政府的意見領袖，是時候要身體力行。

事實上，我們今天的房屋土地政策就是承受了當日一些決定所帶來要一段很長時間才能夠撥亂反正的結果。參政一點都不容易，議政是相對沒有那麼困難，所以我希望第七屆立法會選舉會看到更多有志的人士願意投身參政。

這亦是完善選舉制度的一個目標。大家或者還未完全掌握現時立法會組成的板塊，它由往時的兩大板塊變成今日的三大板塊，我們保留了傳統的功能組別，我們甚至是保留了傳統功能組別裏，一些以個人為選民的基礎，所以並不是説要搞清一色或一言堂。一些專業界別，如往時從來都不能夠落在建制手內的社工、教師、會計、法律，選民基礎並沒有改變，這跟選舉委員會的界別分組是有很大的分別。

> 我們不應該只看5年。我們應該看得更長遠，無論在城市規劃、土地開拓、房屋興建，以至建立一個國際科技創新中心，都不是一個5年的光景可完成。

我們有時看一些意見領袖發表意見，也會有一種感覺：「由你進來政府做吧！」。事非經過不知難，做行政和施政工作往往要考慮很多、很全面，不可能只是紙上談兵，我們要確保這些事反映到廣泛的意見，是實在可行，不會帶來一些難以逆轉的不良後果。

歡迎不同政見愛國者參選

我們仍然歡迎在這些界別裏的專業人士參與，他們和我們的政見未必相同，但只要符合愛國者治港，能夠得到界別裏的分組提名便可以。相信如果得到提名，未必需要資格審查委員會，但無論如何，在設計上有雙重把關之下，

林鄭月娥希望迎來一個有多元聲音的議會。（亞新社）

我們很歡迎有不同看法的人，有些喜歡更加平等、有些喜歡更加資本主義、有些喜歡社會比較平均，我們都沒有問題。因為議事堂是用來議事的，最終是要為香港籌謀，所以在這個功能組別裏，我真的歡迎一些特別是年輕有為的人士，他既可以從事他的專業發展，亦可以在議事方面去參加。

至於在新增的40席裏的選舉委員會的議席，就更歡迎各方人士參加。它不需要有什麼政黨背景，不需要有「樁腳」，不需要有很大的力量，只要社會基本上認同這位人士是一個他們值得支持的人士，這1500人的選舉委員會成員就會願意投票給他。大家記得，設計上這個候選人本身不需要是1500人選舉委員會的成員，

他可以是一個外面的人，但他要說服、要展示給這1500人看到，他是願意投身參政，為香港辦事。

至於地區直選，沒錯，席位少了一點，但分為10區的雙議席單票制，正如我的行政會議同事湯家驊資深大律師昨天在電視節目中談及，設計上就是容許有不是單一黨派的代表性，因為在一個雙議席單票制的選舉制度裏，要拿到10個區裏的其中一個區的兩席，需要三分二以上的選票，同一個黨或同一個背景的人要全取席位，香港的選舉歷史都告訴我們是沒有什麼可能的，所以同樣亦是在設計上，已經歡迎有不同背景的人士參與。

我希望在座各位朋友，或者透過網上聽到我這番呼籲的人士，都願意在香港進入一個新局面、可以為香港創造一個新未來的這個關鍵時刻，參加我們第七屆立法會選舉。

我希望我們在2022年1月1日，迎來的是一個有多元聲音的議會，在議會上能夠議政、論政，能夠在某些事情跟行政機關充分合作，同時亦要認識到有時是需要作出一些妥協的90位議員，為香港出謀獻策。多謝大家。

談談，究竟個人的感受是如何？妳在過去的四年多的個人感受是如何，可否與我們分享一下呢？

行政長官林鄭月娥（下稱「林鄭」）：無可否認，這四年多，我想任何人都會同意是最嚴峻的四年。當然，每一屆政府都有它的挑戰，我也擔任了三屆政治問責官員；但接連受到這麼多因素衝擊，我覺得這幾年實在是很嚴重。有時候事物都是這樣的，需要把一些

> 大家保持對香港的信心，我覺得下一個5年、下一個10年、下一個15年，都是一個應該令大家稱心滿意的香港。

香港回到一國兩制正確軌道

論壇主持人戴健文（下稱「戴」）：多謝林太，特別要多謝林太，剛剛跌傷之後第一日的公務就來出席今日的論壇。剛才林太講有關下一個五年，特別提到一個課題，就是「肺腑之言」。究竟下一個5年的肺腑之言，剛才林太講，我們要把眼光放遠一點，把眼光放遠一點是包括了有時間，即是說我們要看多過5年，可能是10年、20年，現時整體的規劃都在說更長的時間。

另外一個看遠一點，就是我們需要與國家有多一些融合，這亦屬於肺腑之言。但林太，我想問一下，其實講肺腑之言，一般我們都想再

事件推到去極端一點，這樣就會看到那事件的真相。

我曾經在另一個演講中，應該是2021初的演講，當時大家都認為有了《港區國安法》，香港已穩定下來，當日的主題應該是復元和重生。香港怎樣復元和重生，我當時的演講主題指，我們先要知道香港的病在哪裏，香港的弊之源、病之處在何處。

我經歷了4年多行政長官的體會，特別是與中央有非常緊密的合作，我的結論是香港的「病」和「弊」是在於未能完全掌握一國兩制的真諦；或者有人說，根本不是在走一條一國兩制的正確軌道，所以就愈行愈歪，歪到一個

林鄭月娥與論壇主持人戴健文對談，籲香港人保持信心。

程度便倒下來。現在要爬起來再前行，但今次我很有信心，因為我們真的是回到一國兩制的正確軌道，換句話說，是以「一國」為本、「一國」為根。

在《施政報告》的最後一段，第168段，我亦是這樣說的，明年（2022）是香港回歸25周年的重大日子——因為逢五、逢十都是大日子，不過25年就有一些特別的意義。

有一些人、一些意見領袖近日在報章指，2022年是一國兩制或者《基本法》保證50年不變的中途站，或者是香港特別行政區進入「下半場」。我沒有明確地說我同意或是不同意，不過我說我的看法，就是既然香港已經有了兩大雙重保障，已經回到一國兩制的正確軌道，而中央亦把一國兩制定為國家治理體系的優勢之一——這是在十九大四中全會所說的——而國家主席習近平在慶祝中國共產黨成立100周年大會的重要講話中亦再次重申一國兩制的重要性，所以我說，只要我們堅持「一國」為本、「一國」為根，這個「兩制」肯定會枝繁葉茂，香港肯定會繼續成為國家的掌上明珠，大家根本無需要太擔心我們會再出現一個難以管控的場面。

下一個5年應更稱心滿意

戴：那麼林太你是否會覺得香港下一個5年會比現在容易做一點？

林鄭：在我的字典裏沒有「難」和「易」的，「難」也是這樣做，「易」也是這樣做；分別就是做得稱心滿意還是做得「揼心揼肺」而已，都是要做的。我也很肯定地說，下一個五年是應該能做得更加稱心滿意的。換句話說，以我的標準是更加能夠看到有成績的。

因為做事每天都是這樣做，你可以問問Chris（保安局局長鄧炳強）、KK（港深合作策略規劃顧問凌嘉勤教授），我們在政府每一日都是這樣做事，不過有時候是不論如何做都沒有結果，例如每年我們都拿很多法案、很多意見到立法會，但都是「拉布」、「攬炒」。

過去11個月，大家看到在第六屆立法會的最後一年，即是延續了的第5年，內會主席李慧琼都說過，是交出一份亮麗的成績表。除了在回歸初期因為有很多要改變一些字眼的法案，要通過46條主體法案一點也不簡單，包括一些歷屆政府都做不成的法案，例如引入非本地培訓醫生、禁止電子煙、垃圾徵費，諸如此類。

立法會亦通過了超過3200億元的撥款，其中三分之二是工程撥款，令到建築界現在很安心，未來的工程有了保障。這一種就是我剛才所說的，做「易」、做「難」都是一樣，但要做得稱心滿意，就是說每天做的事情我們都看到成績，都是為香港籌謀未來。

籲港人保持對香港的信心

戴：林太，我們知道香港人對於未來發展，其實妳剛才也說過，引述一些KOL都有很多不同的意見。今時今日，作為政府我們發展去看下一個5年，將來是怎樣可以真真正正給多一些機會百家爭鳴、百花齊放，多些不同意見？現時很多人都在擔心社會只有一種聲音。

林鄭：我剛才其實已經主動提了這個意見，就是希望有更加多不同聲音、不同背景，或者不同立場，只要是愛國者，都是歡迎參政的。當然，仍然有人選擇繼續議政、論政而不參政，都沒有問題；但我覺得有這一份議政、論政熱情的人士，沒有理由不想自己親自嘗試一下，看看自己的施政理念是否能夠落實執行。我真心誠意希望接下來的立法會選舉，我們可看到你剛才所說的百家爭鳴，最終選出令社會滿意的立法會議員。

戴：好的，多謝林太。因為林太公務繁多，所以我們不耽誤她太多時間，但想再問妳一個問題：香港下一個5年，如果要妳送一句說話給香港人，妳會說一句什麼呢？

林鄭：「信心」。大家保持對香港的信心，我覺得下一個5年、下一個10年、下一個15年，都是一個應該令大家稱心滿意的香港。多謝大家。

發言全文原刊於《香港特別行政區政府新聞公報》。⦿

（港交所）

史美倫：
綠色金融是全球可持續發展的基石

整理：本社編輯部

史美倫 香港交易及結算所有限公司主席及香港特別行政區行政會議非官守成員。聯合利華非執行董事、瑞典資產管理基金會的高級國際顧問及蘇富比國際諮詢委員會成員。此外,史女士亦是中國證券監督管理委員會國際顧問委員會副主席及國際證券交易所聯會董事。

2001年1月獲中華人民共和國國務院委任為中國證券監督管理委員會副主席,為中國首位來自境外的副部級官員,至2004年9月卸任後回港。於1991年至2000年任職香港證監會,並於1998年擔任副主席。2013年1月至2018年7月為香港金融發展局主席。

2001年、2009年及2017年獲香港特別行政區政府先後頒發銀紫荊星章、金紫荊星章及大紫荊勳章,表揚她在公共服務的貢獻。

行政會議成員、香港交易所主席史美倫指出,全球的經濟發展都朝着綠色金融、環保及可持續發展的方向轉型。在這個轉型過程中,金融市場將會發揮很重要的作用。

隨着全球暖化問題日益嚴峻,減少碳排放量刻不容緩,可持續發展已成為世界各國政府及企業的重要議題。在此形勢下,愈來愈多投資者選擇投資於專注可持續發展的企業,綠色金融產品需求大增,可持續金融市場發展迅速。ESG（Environmental, Social, Governance）代表「環境、社會、企業管治」,企業將ESG因素納入其營運準則,已是大勢所趨,也是投資者降低投資風險和提高整體回報的評估標準。

香港交易所主席史美倫女士應邀出席灼見名家七周年論壇:香港下一個5年,以「ESG（環境、社會與企業管治）與金融發展」為題進行專題演講,探討香港未來金融發展如何配合「十四五」規劃及特區政府《施政報告》策略,尤其是在ESG投資主題和綠色金融方面的發展,香港及香港交易所應該如何把握當中的機遇。

她首先指出,大家都感到夏天特別酷熱和特別長,世界各地發生的自然災害亦特別頻密和嚴重。這些警號提醒我們要致力實行減碳及減排的工作,在各方面實踐可持續發展生活。經過兩年疫情後,大家在生活習慣上作出了很多改變,在社交場合保持距離,戴口罩成為了每天出門必須做的事,成為新常態。

另一個很大轉變是透過網絡會議進行很多工作。「我以往經常到外地公幹,一年坐飛機十多次,但以前要飛十萬八千里參加的會議,現在可以透過網絡進行。這令我們反思,日後是

史美倫出席灼見名家七周年論壇，以「ESG（環境、社會與企業管治）與金融發展」為題作專題演講。（灼見名家）

否應該多利用網絡會議開會，減少不必要的旅程，為減碳減排出一分力。」

中國力爭2030年實現碳達峰

應對氣候變化成為全球迫在眉睫的議題，國際社會正加速推進可持續發展進程。二氧化碳是氣候變化的主兇，包括中國在內，全球多個國家及地區已承諾減碳的時間表和路線圖，目前全球已有120個國家及地區作出了碳達峰和碳中和的承諾，很多地方開始採取行動對應全球氣候變化。

史美倫指出，2020年，中國基於《巴黎協定》的承諾，首先提出在2030年前達致碳達峰、2060

年之前實現碳中和的目標，體現了一個負責任大國的擔當。此外，行政長官林鄭月娥在最近兩年的《施政報告》中亦提出具體措施及計劃，重申香港將力爭在2050年前實現碳中和。

「為了兌現這些承諾，全球的經濟發展都朝着綠色金融、環保及可持續發展的方向轉型。在這個轉型過程中，金融市場會發揮很重要的作用。」她解釋說，要實現碳中和及可持續發展這個經濟轉型，現在到了付諸實行的時候，此過程需要大量融資和資金，對此金融市場應發揮資源配置的功能，為不同的可持續發展項目融資，協助實現這些有意義的工作。

「另一方面，隨着全球社會對可持續發展的

關注，投資者近年對ESG投資的與趣亦大大提高，很多全球性的機構投資者在投資組合中，已規劃出部分資金投資於綠色產品和可持續的產品。在需求增加下，我們的供應也要配合。」

綠色金融大有可為

在2020年，全球專注於可持續投資的基金，資產管理規模已達到1.2萬億美元，較2019年增長了45%。據一家基金公司的調查結果顯示，

史美倫表示，中國綠色金融的發展以往起步較慢，但近幾年國家大力推動綠色發展的轉型，在此大環境下，中國綠色金融亦迎來新的機遇，發展明顯加速。「我曾在今年（2021年）1月到訪內地，當時由於習近平主席已提出2030年達致碳達峰、2060年實現碳中和的目標，所有場合的金融界及企業界人士，都在談論碳達峰及碳中和。由於國家推出此政策，亦有很多相關的研討會，培訓及解釋相關政策的意義。」

> 「隨着全球社會對可持續發展的關注，投資者近年對ESG投資的與趣亦大大提高，很多全球性的機構投資者在投資組合中，已規劃出部分資金投資於綠色產品和可持續的產品。在需求增加下，供應也要配合。」

香港有59%受訪的投資者，都希望投資於可持續產品，但市場上目前仍未有足夠的相關產品。由此可見，綠色金融大有可為。香港作為國家及亞洲的金融中心，必須擔當重要角色。

她指出，金融市場亦可為節能減排的經濟行為提供正面的鼓勵，以市場化工具鼓勵更多企業參與綠色可持續發展，例如2021年7月，中國碳排放權交易市場啟動線上交易，透過市場的動態定價，從而降低全社會的減排成本，推動綠色低碳產業的投資，引動了資金流動。

內地加強ESG訊息披露

隨着中國大力發展綠色金融，內地交易所亦籌備推出ESG訊息披露規則，並推動中國成為未來投資ESG的主要陣地。「十四五」規劃亦已明確制訂了綠色金融的發展目標，史美倫指出：「香港作為國際金融中心及全球最大的離岸人民幣業務中心，向來是國際投資者通往內地的橋樑，近年特區政府及業界，包括香港交易所在內，一直積極推動綠色金融發展，希望憑藉背靠內地的獨特優勢，發揮橋樑作用，發展成為亞洲領先的綠色金融中心。」

她表示，「十四五」規劃多次提到粵港澳大灣區是國家重大發展策略之一，而在《粵港澳大灣區發展規劃綱要》中，國家支持深化並擴大內地與香港金融市場互聯互通、發展離岸人民幣業務，強化國際資產管理中心及風險管理中心的功能，打造大灣區的綠色金融中心，推動金融服務業向高端及高增值方向發展。「國家對大灣區發展藍圖，為區內的綠色金融業提供

應該提倡變革，有責任領導市場進步。」

港交所提升ESG披露標準

港交所致力推動綠色金融及碳金融的工作，一直透過政策指引，支持上市公司的可持續發展工作。2013年推出首份《環境、社會及管治報告指引》（ESG指引），實施ESG訊息披露規則，此後作出數次重大修訂，持續提升對

> 「香港交易所作為金融業重要一員，在推動區內的綠色金融及可持續投資方面，亦扮演非常重要角色。因為港交所作為金融市場的營運機構，同時亦是監管機構，應該提倡變革，有責任領導市場進步。」

了一個千載難逢的機遇，亦為香港金融業帶來巨大的發展機遇。」

近幾年，香港綠色債券發行量屢創新高，例如特區政府過去三年已發行規模達到273億港元的綠色債券，獲市場踴躍認購，並宣布未來五年將因應市場情況，再發行規模達1753億港元的綠色債券，當中包括籌備發行香港首批以港元計價並設有零售的綠色零售債券，這將是一個突破。

史美倫表示：「香港交易所作為金融業重要一員，在推動區內的綠色金融及可持續投資方面，亦扮演非常重要角色。因為港交所作為金融市場的營運機構，同時亦是監管機構，

上市公司的ESG訊息披露要求，由自願披露逐漸提升至強制披露，並且提高了披露水平及要求。2020年7月，港交所要求上市發行人將ESG納入業務策略，並要求公司董事會要評估相關風險及機遇。

史美倫表示，港交所不僅從監管着手提升企業的ESG管理水平，更希望上市公司從上而下實踐ESG理念，以及履行企業的社會責任。「因此我們因應新規則推出了大量指引和培訓材料，幫助上市公司將相關的考慮因素納入他們的業務決策中，為投資者作出理性投資決策提供幫助。」港交所已宣布推出一個全新的ESG中央教育平台ESG Academy，為發行

人和金融業界發展可持續業務提供指引。

2020年，港交所成立了可持續及綠色交易所（Stage），為亞洲首個多元資產類別可持續金融產品平台，設有網上產品資訊庫。史美倫透露，2021年上半年已有超過40隻ESG或綠色債券在港交所上市，發行規模超過2020年總和，反映發行人及市場對此類產品需求殷切。

此外，2021年初港交所宣布投資廣州期貨交易所百分之七股權，成為第一個獲准進入內地期貨交易所的境外機構。廣州期貨交易所作為創新型交易所，立足服務實體經濟，服務綠色金融。港交所希望藉多年國際化及發展衍生產品的經驗，支持廣期所市場化及國際化，共同推進大灣區綠色低碳市場的發展。

香港成綠色金融產品中心

展望未來，史美倫表示：「可以預見，綠色金融將成為未來全球可持續發展的基石，為經濟及社會發展提供很大的動力，但綠色金融發展仍有大量工作需要努力，包括凝聚國際社會的共識，統一綠色金融的標準，共同推動一個可靠的ESG資訊披露，杜絕『洗綠』及『漂綠』行為。」

與此同時，必須鼓勵企業承擔更多社會責任，幫助企業轉型升級，實現可持續發展。港交所正與不同持份者積極討論如何達到這些目標，包括與香港的金融監管機構合作制

ESG（Environmental, Social, Governance）代表「環境、社會、企業管治」，是評估企業可持續發展的關鍵指標。（Shutterstock）

訂綠色及可持續的策略與計劃，研究與全球標準一致的氣候資訊披露與分類，亦會全力配合行政長官在《施政報告》中提到，探討香港成為區域碳交易中心。

史美倫總結時指出，ESG和綠色金融將成為國家以至全球投資不可缺乏的重要元素，香港交易所作為推動香港金融發展的重要一員，將會繼續促進上市公司提升ESG管理，全力支持香港綠色金融產品的發展，把握背靠內地的獨特優勢，助力香港成為區內主要的綠色金融產品中心，保持香港作為國際金融中心的競爭力，為香港下一個五年繼續努力。

她呼籲大家一同投入推動可持續發展工作，支持綠色金融的發展，為國家、香港及全世界開創更美好的未來。灼

＃政治新形勢

《港區國安法》實施逾一周年，完善選舉制度後的首屆立法會選舉已於去年底舉行，如何掌握政治新形勢？本社專訪保安局局長鄧炳強、立法會前主席曾鈺成及紫荊黨黨主席李山，可窺見當前的政治局勢。

鄧炳強：23條立法有實際需要

保安局局長鄧炳強接受本社訪問，前瞻未來政局時表示，保安局未來重中之重的工作是維護國家安全、香港安全，有效防範、制止和懲治危害國家安全的行為和活動。他指《基本法》第23條立法有實際需要，冀在本屆政府任期內展開諮詢，以進一步堵塞香港在國家安全方面的漏洞。

鄧炳強強調，23條是有實際功效的，並非只是履行憲制責任那麼簡單。他指出，自全國人大常委會在2020年6月30日通過實施《港區國安法》，確實是很有效用，再加上愛國者治港的基調，香港的局面大致回復平穩，但仍然存在着暗湧，包括一些「孤狼」式襲擊，例如七一（2021年7月1日）刺警案兇徒，以及個別本土恐怖主義思想，例如警方於2021年7月拘捕的「光城者」組織，涉嫌計劃在法院及公眾地方放置爆炸品，危害公眾安全。此外，在中美角力下，受到地緣政治影響，香港難以獨善其身，相信有不少外部勢力想利用香港進行危害國家安全的活動，因此必須完善法例，填補國安漏洞。

他指出，第23條涵蓋七個罪類，《港區國安法》已針對其中的分裂國家、顛覆政權罪行，但叛國、煽動叛亂、竊取國家機密、禁止外國政治組織或團體在香港特區進行政治活動等則不包含在《港區國安法》。因此，現行條例並不足以應付過去兩年發生的危害國家安全情況，尤其是應對外部勢力煽動叛亂及間諜行為，目前法例針對不足，有需要完成第23條立法，在這些方面加強着墨。

鄧炳強解釋，《港區國安法》第7條要求香港特區盡早完成《基本法》規定的維護國家安全立法，完善相關法律。就《基本法》第23條立法，當局會以2003年草擬的法例作為起點及參考國家安全相關的法律研究，以及研究《港區國安法》的執行經驗及法庭相關裁決，根據香港實際情況，制訂有效和務實的方案和條文，亦會做好解說和諮詢的工作。特區政府正積極推展這項複雜和艱鉅的工作，期望在本屆政府任期內展開有關諮詢。

除了立法堵塞國安漏洞，他又認為，要建立全民的愛國主義教育，加強國民身份認同和提升愛國情懷。

曾鈺成：立法會選舉並非清一色

2021年立法會換屆選舉順利完成，絕大部分議席由建制派當選，社會上有人批評選舉結果清一色，有人認為投票率低是外部勢力干擾破壞，也有人指民調顯示，市民因抗拒新選舉制度等原因而不投票。立法會前主席曾鈺成接受本社專訪指出，在符合愛國者標準之下，這次選舉仍然可以說是五光十色的。

他解釋說，因為「地區直選的候選人，都有一些非建制派的候選人，都各有一些不同的主張，全部都符合愛國者的標準，而且，有些候選人確實提出不同的意見，甚至有人提出特赦2019年反修例示威中的被捕者；有些人又提出政改、雙普選等主張，因此，候選人有不同的主張，不能說是清一色」。

曾鈺成也同意，這次立法會選舉，動員不到很多市民熟悉的非建制派候選人參選，他認為仍有很大的改進空間。

李山：紫荊黨因「客觀原因」沒參選

這次立法會選舉並非清一色，另一種解讀可能是親建制的力量並沒有全部囊括在立法會議員群體中，除了資深的立法會議員張華峰和

鍾國斌爭取連任失敗外，2020年成立，曾經表示「認真思考要不要參選」的紫荊黨，也沒有任何一位正式黨員進入立法會。

紫荊黨黨主席李山接受本社專訪，坦承該黨正式黨員沒有人參加立法會選舉，但他強調，該黨是「認真想過要參選的」，甚至開了會員大會，提出了競選政綱，但最終因為「客觀原因」沒有獲得提名出選。

至於2022年5月的特區行政長官選舉，李山表示，會把有關政策建議，提供給紫荊黨支持的特首候選人，從而希望下一屆特區政府能夠採納有關建議。

另外，紫荊黨也希望為特區政府培養、輸送管治人才。「我們最近完成和港大專業進修學院合辦的愛國者治港講習班，學員需要通過論文答辯，才獲頒發畢業證書。」他表示辦得認真的原因，是因為這些學員都是潛在的香港管治人才。

聲稱「為全體香港人服務」的紫荊黨，還有哪些方法讓特區政府和市民了解他們的主張？

綜上所述，可以預見，未來香港政局的發展，將與往日大不相同，而《港區國安法》實施一周年與完善選舉制度下的首場立法會選舉可視為分水嶺，未來的治港人才必須符合愛國者的標準，而且《基本法》23條的立法也重新提上議事日程。灼

鄧炳強：
第23條立法可堵塞國安漏洞

採訪、整理：本社編輯部 │ 圖片：保安局提供

鄧炳強 1987年加入香港警隊，任職督察。2017年晉升至高級助理警務處長，並獲委任為行動處處長。2018年11月，再度晉升並獲委任為警務處副處長（行動）。2019年11月獲任命為警務處處長。2021年6月25日就任保安局局長。

2018年獲頒香港警察卓越獎章。曾於內地和海外多所學院受訓，包括上海浦東幹部學院、英國皇家國防學院，以及國家行政學院。持有社會科學學士、工商管理碩士，以及國際安全及策略碩士等學位資格。

保安局局長鄧炳強前瞻未來政局時表示，保安局未來重中之重的工作是維護國家安全、香港安全，有效防範、制止和懲治危害國家安全的行為和活動。他指《基本法》第23條立法有實際需要，冀在本屆政府任期內展開諮詢，以進一步堵塞香港在國家安全方面的漏洞。

（編按：保安局局長鄧炳強出席灼見名家七周年論壇「香港下一個5年」，接受主持人及本社提問，分析香港政治新形勢，對保安局未來工作重點及《基本法》第23條立法等問題作出解說。）

問：按照《基本法》，特區政府對第23條立法有憲制責任，現時提出加快23條立法，是否只是為了完成憲制責任，抑或在《港區國安法》實施後，23條立法仍有迫切需要，去堵塞一些漏洞。

23條立法有實際功效

答：23條是有實際功效的，並非只是履行憲制責任那麼簡單。回看2019年6月以來，危害國家安全的事件確實有發生，當中包括《港區國安法》所針對的分裂國家、顛覆國家政權，以至勾結外國勢力危害國家安全等行為。自全國人大常委會在2020年6月30日通過實施《港區國安法》，確實是很有效用，再加上愛國者治港的基調，香港的局面大致回復平穩，但仍然存在着暗湧，包括一些「孤狼」式襲擊，例如七一（2021年7月1日）刺警案兇徒，以及個別本土恐怖主義思想，例如警方於（2021年）7月拘捕的「光城者」組織，涉嫌計劃在法院及公眾地方放置爆炸品，危害公眾安全。此外，在中美角力下，受到地緣政治影響，香港難以獨善其身，相信有不少外部勢力想利用香港進行危害國家安全的活動，因此必須完善法例，填補國安漏洞。

第23條涵蓋七個罪類，《港區國安法》已針對其中的分裂國家、顛覆政權罪行，但叛國、煽動叛亂、竊取國家機密、禁止外國政

鄧炳強出席灼見名家周年論壇，表示《基本法》第23條立法有實際需要。

治組織或團體在香港特區進行政治活動等則不包含在《港區國安法》。因此，現行條例並不足以應付過去兩年發生的危害國家安全情況，尤其是應對外部勢力煽動叛亂及間諜行為，目前法例針對不足，有需要完成第23條立法，在這些方面加強着墨。

問：現時是否《基本法》第23條立法的適當時機？有沒有時間表？

答：《港區國安法》第7條要求香港特區盡早完成《基本法》規定的維護國家安全立法，完善相關法律。就《基本法》第23條立法，我們

會以2003年草擬的法例作為起點及參考國家安全相關的法律研究，以及研究《港區國安法》的執行經驗及法庭相關裁決，根據香港實際情況，制訂有效和務實的方案和條文，亦會做好解說和諮詢的工作。特區政府正積極推展這項複雜和艱鉅的工作，我期望在本屆政府任期內展開有關諮詢。

須加強愛國教育應對軟對抗

問：對於維護國家安全，香港面對的最大挑戰是什麼？

答：國家安全對經濟發展、民生、立法會的

正常運作很重要。香港如今正面臨以下三方面風險：首先是自2019年，有勢力鼓吹暴力、攬炒，令社會上瀰漫一股反社會、反政府的思緒，利用年輕人一腔熱血，誘導他們進行暴力攬炒行為，因此引發出一些「孤狼」式襲擊；其次是一些本土恐怖主義團夥，為了達成政治目標，策劃炸彈襲擊等恐怖活動；第三項威脅

問：2022年是香港回歸25周年，「50年不變」走了一半的路，你對警隊國安處未來5年的角色及本港的保安工作，有什麼想法與部署？

答：香港安定繁榮、市民安居樂業，都離不開一個安全和穩定的社會。我會帶領好保安局和轄下6個紀律部隊，守護香港、維護國家安全，全面履行應有職責。

> 現行條例並不足以應付過去兩年發生的危害國家安全情況，尤其是應對外部勢力煽動叛亂及間諜行為，目前法例針對不足，有需要完成第23條立法，在這些方面加強着墨。

來自外部勢力死心不息地策劃一些軟對抗，透過文化等方式滲透，例如早前針對小朋友的「羊村」系列圖書等的軟性荼毒。針對這些軟對抗，除了堵塞國安漏洞，還要建立全民的愛國主義教育，加強國民身份認同和提升愛國情懷。

目前，香港本土恐怖主義威脅級別維持中度。中度級別是指有受襲的可能性，但沒有具體情報顯示香港可能成為襲擊的目標，但仍不能掉以輕心。警方會持續評估形勢和情報，一旦掌握具體和可靠的情報，對公眾安全構成實質威脅，我們便會按評估提升恐襲級別，防止襲擊發生。

香港即將迎來行政長官選舉，隨後是香港特區回歸祖國25周年，保安局整個團隊和轄下的所有紀律部隊大家上下一心，確保相關活動能夠在安全和穩定的環境下順利進行。此外，我們亦會竭盡所能防止和打擊本土恐怖主義，以及一些外部勢力利用香港代理人作出危害香港和危害國家的行為，以確保在一國兩制的制度下，香港繼續安定太平，市民安居樂業。我期望廣大市民亦配合特區政府的施政，維護香港的繁榮穩定。

高度警惕港獨分子軟對抗

問：保安局未來有什麼目標？例如在防止和撲滅罪行、改善懲教服務、保障市民安全，以及

為響應全民國家安全教育日，警察學院舉辦開放日，進行中式隊列步操等表演。（亞新社）

打擊毒品犯罪等，有何具體計劃？

答：保安局未來重中之重的工作是維護國家安全、香港安全，有效防範、制止和懲治危害國家安全的行為和活動，堵塞香港在國家安全方面的漏洞。過去一年特區政府依法對不同涉嫌危害國家安全的人士和組織進行執法工作，香港面對的國家安全風險已大為降低。對於死心不息危害國家安全的犯罪分子，我們定必依法追究到底。

此外，面對本土恐怖主義的威脅，我們不會掉以輕心，會高度警惕港獨分子以軟對抗方式（例如港獨分子透過媒體、文化藝術、刊物等）進行鼓吹、滲透、激發本地「孤狼」式恐怖襲擊及恐怖活動組織。警方會加強情報搜集，對任何散播仇恨、暴力，以及煽動和鼓勵恐怖主義的行為採取果斷的執法行動。我們亦會從培訓、演習等多方面加強反恐準備及應對能力，以及繼續完善法律框架和加強公眾教育與宣傳。

訂立網絡安全法例前期準備

與此同時，為訂立網絡安全法例進行前期準備工作，對關鍵資訊基礎設施的營運商施加網絡安全責任。我們會與相關業界討論，並就立法建議進行公眾諮詢。

為培育青少年的正向思維，以及守法、紀律

和團隊精神，協助他們認識國家，加強國民身份認同，保安局轄下6個紀律部隊及兩支輔助部隊會通過不同活動和模式，加強青年發展工作，並成立青少年制服團隊或擴展這方面的工作。懲教署會制定具針對性的更生計劃，強化青少年罪犯的守法意識及增進他們對《基本法》和《港區國安法》的認識，以及加強在囚青少年及年輕更生人士在價值觀和德育方面的培育，協助他們邁向正向人生。

業主進行消防安全改善工程，並在工程完成後向業主收回有關費用。期望在2022年進行公眾諮詢。

為實現「十四五」規劃發揮作用

問：你曾說過，保安局要堅定不移地配合特區政府實現《十四五規劃綱要》中有關維護國家安全方面的要求，當中包括落實特區維護國家安全的法律制度和執行機制，維護國家主權、安全、發展利益和特區社會大局穩定，堅決防

> 「面對本土恐怖主義的威脅，我們不會掉以輕心，會高度警惕港獨分子以軟對抗方式（例如港獨分子透過媒體、文化藝術、刊物等）進行鼓吹、滲透、激發本地『孤狼』式恐怖襲擊及恐怖活動組織。」

此外，為吸引世界各地優才來港工作，政府進一步將「優才計劃」的年度配額倍增至4000個，以提升香港競爭力和推動經濟發展。另一方面，積極促進大灣區內雙向人才流動，便利居港的外籍人士前往大灣區內進行商務、科研、交流訪問等活動的有關安排，這將有助提升吸引外商和海外人才落戶香港。

保安局亦關注消防安全。為進一步提升樓宇的消防安全，將修訂《消防安全(建築物)條例》，以賦權消防處和屋宇署代未能符合《條例》要求的舊式綜合及住宅用途樓宇的

範和遏制外部勢力干預港澳事務。請問將來具體會怎樣做？

答：因應近年香港出現的動亂和對國家安全帶來的風險，「十四五」規劃提出，要「落實特別行政區維護國家安全的法律制度和執行機制，維護國家主權、安全、發展利益和特區社會大局穩定，堅決防範和遏制外部勢力干預港澳事務」，這是與保安局工作密切相關的嚴格要求，我深感責任重大。

《港區國安法》的實施、維護國家安全執行機制和完善選舉制度的確立，已經讓香港由亂到

治，現正處身於由治轉興的過程中。在維護國家主權、安全和發展利益上，我們須按「十四五」規劃提出的總體國家安全觀，既注重維護傳統的人民生命財產、社會秩序等公共安全，又樹立維護國家政權安全、制度安全和經濟的安全意識，尤其要有效防範和打擊《港區國安法》規定的分裂國家、顛覆國家政權、恐怖活動和勾結外國或者境外勢力危害國家安全等罪行。

總括而言，保安局和各紀律部隊必定會在維護國家主權、安全和發展利益上盡職履責、緊守崗位，防止香港成為國家安全的漏洞，為實現國家「十四五」規劃的美好願景發揮應有的作用。

守護香港的初心恒久不變

問：鄧局長，從警務處長到保安局長，外界看到你剛柔並濟且善於運用策略，你怎樣看自己的管理風格？由武官轉為問責文官，如何適應這種轉變？

答：我個人是務實派，有問題就需要去解決，我會用剛柔並濟的方式去處理事情，因應不同情況因時制宜，而無論對內還是對外，溝通都非常重要。由過往一個部門的首長，如今帶領一個政策局和轄下6個紀律部隊及兩個輔助隊伍，責任更大，但無論在任何崗位，服務社會、守護香港一直是我的志願，這個初心恒久不變。

問：保安局的工作涉及9大部門，包括警務處，由一個部門的負責人，成為統領9個部門的政策局局長，無論治安、出入境、海關、監獄、消防或救護，事事關心，有何不同？

答：擔任警務處處長和擔任保安局局長的分別很大，擔任警務處處長要完成的工作主要是一個部門，並以行動及策略為主，當然也要有一些措施用以配合行動；但作為保安局局長，工作重點就是負責制訂及推行香港特區的保安政策，涉及法例及政治工作，工作較為繁複，特別要去立法會向議員解釋政策，爭取支持。

《港區國安法》令香港由亂變治

問：你脫下警隊「一哥」的戰袍，穿上西裝出任保安局長，但對港獨、黑暴的批評都不遺餘力，這是警隊或你本人的敵愾同仇，抑或配合《香港國安法》的執法需要呢？

答：自《港區國安法》生效以來，警方的執法行動，已經成功打擊大部分嚴重危害國家安全的犯罪活動。犯法的紅線很清楚：只要犯法，我們就必定拘捕；只要有證據，我們就必定檢控。我相信這對社會上企圖違法的人有一個很清晰的警示作用。

因涉嫌觸犯《港區國安法》被捕人士當中，包括圖謀透過所謂35+初選，涉嫌顛覆國家政權的團夥；以新聞工作做包裝，涉嫌串謀勾結外國勢力，危害國家安全的人物；以及

鄧炳強表示，保安局和各紀律部隊定必致力防止香港成為國家安全的漏洞。

試圖透過爆炸品襲擊法庭等公眾地方的本土恐怖主義團夥。《港區國安法》發揮強大的震懾力，以前參與勾結、與外部勢力同盟的人紛紛退場，有人解散了自己的組織，亦有人潛逃至外國，鼓吹港獨的情況不斷減少，國家安全的風險已經大為減少。

《港區國安法》令香港由亂變治，現時社會大致上回復平靜。縱然是這樣，由於國際地緣政治的關係，我相信一些外部勢力仍然死心不息，想利用香港影響我們國家，例如他們利用不同界別進行很多軟對抗的工作，不停地滲透反政府、反國家及煽動仇恨的信息，從而延續他們危害國家安全的行為，這是一定要留意和制止的，而《港區國安法》第9條及第11條亦說得很清楚，政府有責任針對學校、社會團體、媒體，在網上平台亦要進行宣傳和管理。我們對於維護國家安全不會掉以輕心。

面對抹黑攻擊警隊須發聲

問：由理大衝突開始，警隊戰略改變，警員士氣大振，是什麼促成這種策略改變的呢？

答：2019年11月我上任警務處處長的時候，我覺得我要協助警隊同事找回工作意義。2019

鄧炳強認為有必要全面加強愛國教育。圖為一間學校舉行升旗禮。（亞新社）

年情況最惡劣的時候，同事都很懷疑，覺得完全失去尊嚴，為何還要繼續工作下去呢？我上任處長後的首要任務就是要幫他們找回工作的意義。

面對許多抹黑、攻擊，警隊需要在不同的地方發聲，包括我接受很多傳媒訪問，我要將真相，包括當時許多人指控警隊濫用武力，其實簡單的道理就是人們犯法、行使暴力，我們當然要用適當的武力制止。我需要將這個真相講出來，那時候社會充斥很多假新聞、假消息，譬如説8·31太子站死人、新屋嶺有性侵等，我就要向公眾逐一澄清。

我上任處長後不久就是區議會選舉，選舉結果是絕大部分區議會由反對派把持。那些由反對派把持的區議會議員表明會以區議會為平台攻擊、打擊警隊。警區指揮官必須出席區議會會議，但面對這樣的情況，我作為處長，除了與同事分享，告訴他們應如何處理、抱怎樣的態度出席會議，我決定自己親身出席幾次區議會，目的是讓同事知道怎樣應對，亦讓同事知道，最辛苦、最困難的事，我會先擔當，讓同事感受到他們是有人支持、有人保護的。

隨後我進一步抗衡敵意的媒體。面對許多國際級、刻意的抹黑，我發現警隊只在街頭抗暴並不足夠，過往亦花了許多時間在抗暴行動方面，對於不正確的消息，往往很遲的時間才作出澄清，後期則改為立刻澄清，令那些假消息不能夠再散播下去。對於一些傳媒，特別是《蘋果日報》的不實指控，以及故意針對警隊、煽動市民對警隊仇恨的報道，我向公眾人士講出真相，亦作出多番的投訴。另外，往常在街頭抗爭，只有針對警隊的媒體拍攝警隊的行動，所以很多時候市民只看到警隊同事使用一些武力，但是這些媒體的鏡頭永遠不會拍攝暴徒。事實上，可能是由於一些暴徒投擲磚頭和汽油彈，同事要作出驅散行動才使用武力，卻沒有人拍攝到暴徒的惡行。所以當時警隊自行成立了多隊傳媒直播隊，拍攝暴徒的真相。

警隊成功抗衡敵意傳媒

在抗衡敵意傳媒方面，警隊得到成功。首先，我們平反了許多惡意針對的行為。我們在行動上亦有一些改進；以往可能比較被動，及後我們採取比較主動的策略。特別是當時發生的理工大學事件，由於我們留意到中文大學被大肆破壞，然後就到理大。如果我們不加以制止，其他大學將一一被他們蹂躪。於是我們採取了圍堵策略，一定要將理大裏面的人拘捕，讓他們不能再到別處破壞。因為當時很多人在其他地方想要趕往理大，所謂圍魏救趙，警隊同事亦果斷地進行大型的拘捕行動。我們必須要以果斷的拘捕行動讓那些犯法的人知道，作出違法的行為是有後果的，從而改變他們的違法行為。

我和我的管理團隊爭取一切機會講出真相，亦有警隊直播隊將真相一一呈現出來，加上迅速澄清不實消息，令這些謊言不能「滾大」，這些都很重要的，因為初期，譬如是8．31，可能多花了時間處理行動性的工作，令謠言滿天飛，未能夠及時制止或澄清，導致很多人誤信8．31警察殺了人。現在事後我們看到監警會的報告，指出這些都是無稽之談，以及整個謊言是如何製造出來的。事實上，如果當日我們能夠盡早澄清，這個謊言就不會滾得這麼大，日後上街的市民很多是受其誤導。若我們能及早澄清，我相信情況可能不會壞到這個地步。

一連串的行動和做法，發揮很大效用。首先是同事重拾當警察的意義，喚起維持香港秩序、保護市民的初心。另外，由於我們將事情的真相講出來，讓大眾知道，因而認同我們，支持者愈來愈多。加上警隊的行動更加有效果，從而扭轉了局勢。從效果而言，做到止暴制亂，我自己亦綜合了幾項很重要的關鍵。首先是為同事找回工作意義，這是最重要的一點。另外，各級的指揮官能夠被看到他們的承擔，包括前線同事看到他們的承擔、社會人士看到警隊的承擔，以及外界的支持，從而做到上下一心。⊛

曾鈺成：
一國兩制將走在新的發展軌道上

撰文：曾紹樑 ｜ 攝影：文灼峰

曾鈺成 香港政策研究所副主席。2008至2016年出任香港立法會主席，曾參與多屆立法會地區直選。現擔任培僑書院和培僑中學校監及培僑小學校董。1968年在香港大學畢業後，於培僑中學任教，後擔任校長。香港大學教育文憑及碩士。1992年與一群志同道合人士成立民主建港聯盟，並出任創黨主席，2003年改任會務顧問。

回歸前，積極參與香港過渡期工作，曾出任香港特別行政區籌備委員會成員，並擔任全國政協委員。2002-2008年擔任行政會議成員。

到了2022年，一國兩制便實行了25年，「50年不變」下半場正式開始，更適逢政府換屆，不禁令人有許多想像空間。本社專訪立法會前主席曾鈺成，聽聽他對香港政治前途的看法。

政府換屆在即，行政長官選舉將於2022年5月舉行，2021年立法會換屆選舉已於12月19日舉行，是香港完善選舉制度後舉行的第一次立法會選舉。包括選委會界別、功能界別和地區直選共有153名候選人競逐90個議席，三個界別全部90席都出現競爭，無人自動當選，結果絕大部分議席由建制派人士囊括。作為立法會前主席，曾鈺成認為新一屆立法會變得清一色嗎？

回顧上屆立法會，在多位反對派議員被取消資格、泛民議員總辭之後，餘下的議員幾乎全部是建制派；那又是不是清一色呢？曾鈺成說：「觀察過去大半年的立法會，並不見

得是清一色。效率是提高了，通過了許多法案；但在審議法案的過程中，議員們也表達了不同的意見。」他以防疫措施為例，議員往往會不同意政府的做法。

他續說，「愛國愛港人士並不是對任何事情都有一致的看法。例如我提出的意見，有人贊成，也有人反對。因此，愛國者治港不會是清一色的，愛國者當中必然有不同的意見和主張。」

投票率說明什麼問題

總結今屆立法會選舉，曾鈺成表示，選前已有不少評論指出，各方焦點都會放在投票率上，多於研究誰勝誰負。現在大家都知道，全港地區直選的投票率大約是三成。他留意到投票之後，有些人拿選舉委員會界別議席選舉的高投票率來誇耀，指選委會的投票率高逾98%。他認為，選委會的高投票率不宜引以為榮，「為什麼不是100%呢？1448名

選委，投票率98.48%，即是有22名選委沒有投票。」他認為，選委不投票，跟一般選民沒有投票性質不相同；「一般選民有自己的權利選擇投票或不投票，但作為選委，應該知道自己的重要職責之一，是投票選出40名立法會議員，那22名選委為什麼沒有履行職責呢？」

其中一位沒投票的選委是全國政協副主席董建華先生。他公開作出了解釋：原來董先生

2019年的區議會選舉比較，因為那是在一個很特別的政治環境下進行的，投票率之高（71.23%）前所未見——如果跟2016年和2012年兩次立法會選舉比較，可以看到在以往的立法會選舉中，支持建制派候選人的選民，今次基本上是全部出來投了票，甚至比以前更多，這從建制派候選人所得的票數可以知道。」至於非建制派候選人得到的選票，少於所有選票的一成。

> 這次立法會選舉，市民熟悉的非建制派候選人並不多，換言之，就是吸引不到很多建制派以外的人才參選，這當中便有很大的改進空間。

是因為健康問題，不能出來投票。那麼其他21人呢？「所以，選委中有98.48%的人投了票，並不是值得誇耀的成績。」他說。

曾鈺成又認為，各組別的投票率不可以拿來直接比較，「例如功能組別的選舉，不同界別有不同的投票方式，比較複雜。不是不可以跟以往的投票率比較，但要做許多具體的、細緻的分析。」

至於分區直選的投票率，今次全港的投票率平均是30.2%，各區投票率的差距都不大，正如有些人早已指出的，這個投票率是可以預見的，「我們可以比較一下——不要同

非建制派支持者乏投票誘因

他總結說，為什麼投票率只有三成呢？「建制派的支持者都投了票；非建制派的支持者，10個也沒有一個出來投票。」

為什麼非建制派的支持者很少出來投票呢？有些人說是「不滿意選舉制度」，「這肯定有一部分是事實」。另一個原因，曾鈺成認為，選民最大的投票誘因，是覺得有候選人值得他們支持，又或者選民要表示對某一個政治陣營的支持或反對。他說：「現在，非建制派選民對投票態度冷淡，很可能是因為他們在候選人名單中，看不到有誰是值得

曾鈺成在灼見名家七周年論壇擔任演講嘉賓。

他們投票支持的。他們不會支持建制派候選人；建制派以外的候選人，也吸引不到他們出來投票。」

所以，「正如行政長官林鄭月娥說，投票率高低，會有許多不同的理由。投票率高未必都是好事；投票率低也不能說明制度有問題。說穿了，其實很簡單：以往一向支持非建制派候選人的選民，今次不覺得有哪個候選人值得他們支持。」

五光十色要以愛國為底線

另一個問題是今次立法會選舉是否五光十色，還是清一色？曾鈺成問：「什麼是五光十色，什麼是清一色？有些人說，看看地區直選的結果：10個選區，全部都是建制派當選，非建制派候選人全軍盡墨，一個也選不上，這還不是清一色？」他說：「我們應該這樣看，一個制度到底能否提供一個五光十色的選舉，要看它能不能容許、能不能吸引

新一屆立法會絕大部分議席由建制派議員當選，但曾鈺成相信議會將有不同意見。（亞新社）

來自不同背景的人，真正是五光十色的人才出來參選。會不會由於制度的限制，排除了五光十色的人才呢？又或者會不會由於制度的設計，令很多優秀的人才不願意參選呢？」

曾鈺成續説，今次這個制度，按中央的説法，是完善了的選舉制度，它有一個明確的目的，就是要保證愛國者治港，不讓反中亂港分子進入議會。因此，任何人不符合愛國者的標準，或者屬於反中亂港分子，當然是不能「入閘」。

「如果你認為沒有反中亂港分子參選就不夠五光十色，那就沒什麼好説。但正如許多人指出，其他地方的選舉，無論怎樣五光十色，愛國、不損害自己國家利益必然是底線。在符合愛國者標準的前提下，候選人都可以是五光十色的。」

他指出，「看地區直選，各選區都有非建制派的候選人；他們都符合愛國者的標準，這毋庸置疑，否則他們過不了候選人資格審查委員會的一關。在這個前提下，有些候選人確實提出不同的參選政綱，甚至有人要求特赦2019年反修例示威中的被捕者，這是建制派反對的；有些人又提出重啟政改、推動雙普選等主張，這也不是建制陣營會提倡的。因此，不同主張的候選人是有的，不能説是清一色。」

不過，選舉能不能吸引五光十色、有號召力、有影響力的人才參選，這是另一個問題。曾鈺成指出，這次立法會選舉，市民熟悉的非建制派候選人並不多，換言之，就是吸引不到很多建制派以外的人才參選，這當中便有很大的改進空間。

治港的愛國者要德才兼備

新一屆行政長官選舉即將展開，曾鈺成心中的最佳特首人選該有什麼素質？「國務院港澳辦主任夏寶龍先前已經說明，要管治好香

題：一是特區管治團隊並不是選舉產生；「很多人認為行政長官要由普選產生才有認受性，但現在普選行政長官似乎是遙不可及，管治隊伍缺乏民意授權這個問題是否存在？如何解決？現在不能用政制民主化的辦法解決。中央提出要保證愛國者治港，且管治者要德才兼備，不是只憑愛國便可以把香港管治好。中共十九屆四中全會說過要『完善中央對特別行政區行政長官和主要官員的任免制度和機制』，這個問題仍未解決，需要進一步研究。」

> 「『十四五』規劃對香港提出要求，而且是有史以來第一次提出政治、經濟、文化幾方面的要求，同時強調香港要做好維護國家安全，這是很明顯的變化。

港，管治者必須具備五個『善於』，這當然是下一任特首要符合的條件。」（編按：夏寶龍主任提出的「五個善於」：全面準確貫徹一國兩制方針、破解香港發展面臨的各種矛盾問題、為民眾辦實事、團結方方面面的力量、履職盡責，這是對治港者能力的要求。）

現行的高官問責制又有沒有改善的空間？管治人才如何能脫穎而出，獲得任用？

曾鈺成表示，現在管治方面有一些根本的問

政黨在香港管治的角色

第二個問題是香港的政府沒有政黨領導。曾鈺成認為，中央要認真考慮政黨在香港管治中應當扮演的角色。「全世界的政府都有政黨領導或主導，中國有共產黨領導，西方也有政黨輪流執政」。政黨領導的特點，是有一套鮮明的政治理念和政治主張，政府管治團隊就是要落實這套政治主張。可以說，政黨強的地方，政府管治能力比較強；反之，政府管治能力就相對較弱。

中聯辦主任駱惠寧在中央「十四五」規劃宣講團活動中發言，強調香港要做好維護國家安全。圖為他在國家安全教育日發表演説。（亞新社）

他指出，香港政府沒有政黨領導。「中央政府似乎不願見到香港出現強有力的政黨來主導香港的政治。但是，不依靠政黨，政府可以提高管治效能嗎？」中國是由中國共產黨領導：中國共產黨既有能力，也有憲制上的權力去實行領導。中央官員説，一國兩制也是由中國共產黨領導的；這領導是怎樣實行的呢？領導中國實行社會主義的中國共產黨，怎樣領導不實行社會主義的香港呢？這問題仍需要研究。因此，問未來5年香港怎樣走，現在仍未有清晰的答案。現在我們否定了過去的某些想法，但新的理念卻未建立起來。

中央如何行使對香港的管治權

曾鈺成強調，他同意中央對香港行使全面管

治權。他指出,中央起初相信港人治港,相信河水不犯井水,並不想干預香港的事務。香港發生了幾次政治事件之後,中央看到,對特區的管治不能完全放手。2014年中央發表了《一國兩制白皮書》,「當時有內地法律學者向我透露,中央正研究如何加強對香港行使全面管治權。我回應說,最重要的問題是中央如何行使對香港的管治權。」怎樣把資本主義制度的香港特別行政區管治好,維持長期繁榮穩定,對中國政府是很具挑戰性的課題。

談到去年夏天來港的中央「十四五」規劃宣講團,曾鈺成指出:「由中央官員組成的團隊來香港宣講『十四五』規劃,還去立法會講了一場,是很有象徵意義的。」

「國家以前的五年計劃和五年規劃,香港很少人關心。就算『十二五』規劃開始設港澳專章,特區政府也有提及,香港社會仍不會多加重視。這次相當高調來港做幾場宣講,並且特別為年輕人做了一場,明顯要傳達香港應該進一步融入國家發展大局的訊息。這會改變許多香港人的看法;首先是政府高層,要學會胸懷『國之大者』,懂得從國家大局看香港的發展,這是最主要的。」

「我留意到中聯辦駱惠寧主任在首場宣講會上的說法。以往按我的理解,即使港澳列入國家的五年規劃,港澳專章所講的,基本上是中央政府或內地支持港澳哪些方面的發展,例如支持香港繼續成為國際金融中心、支持香港成為人民幣離岸結算中心等等,反映的是中央支持香港在經濟方面的發展。但這一次,按照駱主任的說法,『十四五』規劃對香港提出了要求,而且是有史以來第一次提出政治、經濟、文化幾方面的要求,同時強調香港要做好維護國家安全,香港在國家規劃裏的位置就跟過去不同了。」

曾鈺成解釋,「五年規劃本身是社會主義性質的。以前是五年計劃,因為中國實行的是社會主義計劃經濟;改革開放之後引入市場經濟,即『中國特色的社會主義』,市場的作用得以發揮,不是只講『計劃』,定下許多指標,規定要生產什麼,生產多少。現在不再是這樣,叫做『規劃』,比較宏觀;但規劃依然是中國社會主義制度的事物,香港作為社會主義制度以外的特別行政區,與五年規劃的關係,過去停留在國家支持香港的範疇,現在是真正把香港納入國家規劃裏:規劃對香港提出要求,儘管沒有具體的指標,但畢竟是走近了一步。」

以往軌道基於幾個信念

2022年是香港回歸25年周年,「50年不變」已走過了一半,香港在未來如何走下去?回顧過去的25年,曾鈺成認為,1997年香港回歸後,一直到2015年,香港所走的軌道,是建立在以下幾個信念之上:

曾鈺成指出，香港政府沒有政黨領導，就出現了一個很大的矛盾。

第一個信念是香港要發展民主政制，這是寫入《基本法》的。《中英聯合聲明》完全沒有提到普選，是《基本法》規定「行政長官最終普選」、「立法機關最終全面普選」，這是中央本來要給香港的。起草《基本法》時，中央相信香港回歸後，應該可以循序漸進發展到《基本法》所說的雙普選最終目標。2015年之前，香港三次政改，目的都是要增加普選成分，都是想向《基本法》規定的最終目標走近一步。三次政改儘管有兩

次不成功，但相信應愈來愈接近《基本法》所説的最終目標這個信念並沒有改變。

第二個信念是中央不會干預港人治港。從起草《基本法》開始，中央政府就相信港人治港是可行的，香港人一定可以管好香港。中央同時亦相信，香港回歸前所行的制度是很優越的。香港在上世紀70、80年代有一段長時間的繁榮穩定，成為「亞洲四小龍」之一，為什麼香港能夠創造這樣的奇蹟？就是因為我們有優越的體制。

前新華社香港分社社長姜恩柱説過，「香港問題好比一本非常深奧的書」。回歸初期，中央官員都認為，香港的事最好由香港人用自己的方法處理，中央不要管。中共前總書記江澤民也説過「中央各部門和任何地方，都不會也不允許干預香港特別行政區依據《基本法》規定自行管理的事務。」

第三個信念是「香港同胞絕大多數是愛國的」，而且回歸日子愈長，香港與內地的融合愈緊密，香港同胞便愈愛國，所以一國兩制一定愈來愈成功。

中央出手改變發展軌道

2015年後，中央和不少港人對這幾個信念都產生了懷疑。首先，如果説普選是我們的最終目標，我們應該循序漸進走向普選，那麼愈接近普選，我們的政治體制就應該愈有利良政善治。但事實恰恰相反：增加了直選議席，行政立法關係反而更加緊張，政府施政愈來愈困難。至於港人治港，前三任行政長官沒有一位能夠做滿《基本法》容許的10年最高期限；社會的深層次矛盾和問題長期得不到解決，政治危機卻一浪接一浪；港人治港能説是成功嗎？

談到愛國，曾鈺成指出，回歸後成長的年輕人，部分竟對國家沒有歸屬感。他們不但走在反政府抗議的最前頭，甚至參與觸碰一國兩制底線的行動，公然宣揚或支持「港獨」。這説明並非回歸的日子愈長，廣大的香港市民便會愈愛國。社會和政治矛盾到2019年終於爆發，先有反修例事件，再有區議會選舉提出「五大訴求」，接着2020年，原來的立法會選舉泛民提出「35+」，中央看到香港已發生危害國家安全的現象，終於忍無可忍，要出手了。

中央出手，實施了《港區國安法》，完善了香港選舉制度，解決了港人治港不能自行解決的問題，開啟了一國兩制新局面。這意味着中央政府已經拋開了過去「循序漸進發展民主」的執着，改變了「河水不犯井水」的觀念，修正了「回歸日子愈長，港人自然愈愛國」的看法。曾鈺成説，先前的軌道已證明不能通行；一國兩制今後在香港的發展，將走在一條新的軌道上。🔘

李山：
紫荊黨將為政府出謀獻策

撰文：曾紹樑 │ 攝影：文灼峰

李山 1963年出生於中國四川威遠，紫荊黨創黨主席，1986年清華大學經濟管理學院畢業後赴美國留學，先後獲得加州大學戴維斯分校經濟學碩士和麻省理工學院經濟學博士。畢業後加入美國投資銀行界工作，後返回中國擔任國家開發銀行投資銀行籌備領導小組副組長，曾任香港中銀國際總裁。

清華大學國家治理研究院創始院長、港區全國政協委員、瑞士信貸集團全球董事。

主要由「海歸」（內地或香港出國歸來的留學人員）組成的紫荊黨，並沒有黨員獲提名參選新一屆立法會選舉，但該黨主席李山強調，紫荊黨愛國愛港，這次雖然因「客觀原因」未能參選，但希望為特區政府出謀獻策，以及培養、輸送管治人才。他又認為香港應發揮中西合璧的優勢，把人才吸收到香港，並對中國的發展作出貢獻。

新一屆立法會，建制派以89：1的絕對優勢主導議會。不過，2020年3月底成立、被外界視為「海歸派」的親建制政黨紫荊黨，卻沒有派人參選今次換屆立法會選舉，本社訪問紫荊黨主席李山，他證實12月19日有投票，紫荊黨亦有準備參選立法會，但由於一些「客觀原因」，紫荊黨並沒有獲得提名，因此也沒有黨員參選本屆立法會選舉。

「紫荊黨的法律顧問何君堯先生當選了立法會議員。」李山解釋，「跟本黨有關的人士分兩種：一種是正式黨員，另一種是紫荊之友，也是要申請的，相當於候補黨員吧。有一位新的立法會議員洪雯是紫荊之友。」

李山承認，紫荊黨正式黨員沒有人參選立法會。他強調：「我們是認真準備過參選的，我們參選可以增加參選者的多樣性和代表性。紫荊黨是由具有國際視野的愛國者組成的政黨，可以代表廣大的海歸和專業人士的理性訴求和政策建議。」

紫荊黨是在《港區國安法》還未出台時成立的，「我們還是很有擔當的，愛國愛港，就是要挺身而出嘛！」他說，香港是國際金融中心，紫荊黨是本地最有國際視野的政黨，「我們當然應該出來參選」（何況該黨政網還表示要「積極推動有香港特色的民主政治，並最終實現有廣泛代表性的行政長官和立法會普選」），那為何最後都沒派人出選呢？

李山表示，香港可以把全世界人才吸收到香港，並對中國的發展作出貢獻。

競選政綱及參選人都已準備好

「我們連競選政綱都準備好了：一是有為政府；二是公平社會；三是創科中心；四是全球城市。全球城市在概念上，比國際城市層次更高，現在世界上的全球城市只有紐約及倫敦。」他續說：「社會對我們了解不夠，通過選舉可以爭取曝光，讓市民更了解我們。因此我們決定了『想』參選，我們準備了7人參選，但是最後由於『客觀原因』，沒有能夠獲提名。」至於是什麼客觀原因，李山賣個關子，沒有細說。

李山重申不忘初心，指出紫荊黨定位不代表任何利益集團，是為全體香港市民服務，因此需要進入選委會，以至參與立法會選舉。「因為我們擁有比較高水準的研究能力，我們認為向特區政府獻治港之策是義不容辭的。」他又透露：「我們最近會公開出版一本《紫荊黨人文集》，給特區政府和香港市民作為參考。」

至於2022年5月的特區行政長官選舉，李山表示，會把有關政策建議，提供給紫荊黨支持的特首候選人，從而希望下一屆特區政府能夠採納有關建議。

另外，紫荊黨也希望為特區政府培養、輸送管治人才。「我們最近和港大專業進修學院合辦的愛國者治港講習班，學員需要通過論文答辯，才獲頒發畢業證書。」他自言，辦得認真

的原因，是因為這些學員都是潛在的香港管治人才。

香港與內地交流不足

2021年8月，國家「十四五」規劃中央宣講團來港，引起不少反響。李山認為，中央宣講團來港活動，有兩方面值得學習：一是具體的規劃，從宣講團作出的介紹，尋找具體的機遇，無論是金融、科技、商貿等等。另一方面是在更高的層面，要把香港融入國家戰略、服

面，尤其是科技產業合作方面下工夫，仍然很不足。現在不是提出創科中心嗎？這裏面肯定就有大灣區合作啊！深圳就是一個很成功的創科城市，我們怎樣和她合作，汲取她的經驗，發揮我們獨特的優勢，且不限於深圳或者大灣區，而是整個中國，這肯定會給香港很好的機會。」他說：「我們不光要引進來，還要走出去，走到大灣區，走到全國其他地方，也走向世界、走向一帶一路。香港有獨特優勢，真正把香港的優勢、香港的特點，即一國之利，兩

> 香港不僅是Asia's world city（亞洲國際都會），更應當是一個global city，一個全球城市。也就是說，香港的繁榮發展，不僅要吸納全球的資源，包括人才、資金、知識，對中國的發展作出貢獻，而且應該要對全球事務產生重大影響力。

務國家戰略，在這個過程中更好地發展香港，因此，要對國家和國家戰略有更深入認識、認同，從而作出獨特貢獻；要在比較高、比較深的層面理解這件事情。

他認為，香港與內地的交流不夠，內地對香港作出過很大貢獻。「香港最發達的是金融市場，在市場上佔百分之七十的交易，都是內地公司，但我認為這是比較被動的，歡迎這些公司來香港上市，僅是金融層面。如何在產業層

制之便結合起來。要具體看國家的發展規劃，有什麼機遇，能做什麼貢獻。」

李山認為，中央對香港的期望是長期繁榮穩定。《港區國安法》的實施，以及完善香港選舉制度，可以說是撥亂反正，為香港穩定打下了制度基礎。但是，光穩定不夠，還要發展。「香港發展最大的機遇，就是背靠中國內地這個巨大的市場，同時也是中國走向世界的橋樑和窗口。香港要充分融入國家整體發展

規劃，這是香港發展的機遇，也是香港長期繁榮穩定的基礎。」

香港應當是一個global city

李山說，香港的優勢是中西合璧。「在中國改革開放的過程中，香港把世界的技術、管理、

> 特首一個人的作用有限，關鍵是要有一個良好的治理體制。不僅特區政府、立法會，還包括各社會團體、政黨，都要發揮作用。這些團體、政黨、立法會，還有政府，構成了香港的治理體系，應由有能力的愛國者領導。

資金引入內地，發揮了無可替代的作用。但是，今天的中國和世界都發生了變化，當今世界正處於百年未遇之大變局，中國也不是當年貧窮落後的中國，而是全球第二大經濟體；中國在全球化的過程中希望為世界作出貢獻。中國要真正實現中華民族的偉大復興，還有很長的路要走，還要汲取西方先進經驗，尤其是科技方面的經驗。香港實行一國兩制，有不可替代的優勢，可以把外面的人才吸收到香港，並對中國的發展作出貢獻。」

他認為，香港不僅是Asia's world city（亞洲國際都會），更應當是一個global city，一個全球城市，也就是說，香港的繁榮發展，不僅要吸納全球的資源，包括人才、資金、知識，對

中國的發展作出貢獻，而且應該要對全球事務產生重大影響力，這些方面香港大有可為。

他說，要成為一個全球城市，不只是搞金融，搞科技，也必須有靈魂，文化很重要。他說：「我剛來香港的時候，大家說這裏是文化沙漠，但我發覺這句話不太準確，香港在文化方面人才濟濟，特區政府也搞了一些文化項目，但是遠遠不夠。我十幾年前發表過一篇文章，說未來香港應該成為中國的佛羅倫斯，因為文化的力量是非常本質的，中華民族的偉大復興不光是要把GDP搞上去，也包括中華文明的復興，但這種復興也是吸收了世界各國的先進文明，就是這種交融，推陳出新，使香港能夠作出獨特的貢獻，且會讓香港成為一座全球景仰的城市」。

香港可成為中國的佛羅倫斯

李山自言喜讀歷史，他說：「我發現香港跟文藝復興時期（14世紀至16世紀）的佛羅倫斯很像，佛羅倫斯是意大利城市，但當時意大利還

李山認為香港的情況很像文藝復興時期的佛羅倫斯。（Shutterstock）

沒有真正統一，佛羅倫斯是歐洲的金融中心，相對比較獨立，但社會矛盾也非常尖銳，因為歐洲爆發（黑死病）疫情，大量移民湧入這個城市，所以新移民和當地人有些衝突。有本書叫《君主論》（*The Prince*，馬基爾維利著），就是在這樣的歷史背景下寫成的，書中可以看出當時的鬥爭是多麼激烈。但是人類思想上的進步、文化上的成就，往往是在矛盾衝突中產生的。」

「我覺得香港的情況很像文藝復興時期的佛羅倫斯，有經濟基礎、有思想自由、有非常激烈的社會矛盾，這些矛盾衝突，終於在2019年爆發出來，但是爆發過後，應該從大亂到大治。

這個時候，包括特區政府，大家就會去思考香港應當怎麼治理。」他續說：「歐美傳統的民主制度現在受到很大挑戰，香港很多年輕人可能不了解情況，盲目地去追求這些東西。從中國來講，習近平主席提出的國家治理現代化還在進行中、追尋中，香港在這方面可作出巨大貢獻。」

「共建香港，無問西東」

李山又指出，「歐洲具影響力的名門望族，例如麥迪奇家族（Medici family）也是搞金融的，是銀行家。其實我對香港的大家族有期望，我說香港的大家族在財富上可以媲美佛羅

紫荊黨將積極為政府出謀獻策及培訓管治人才，圖為該黨成員到新界北部考察。（紫荊黨提供）

倫斯的大家族，過去香港最發達的時候，這些最富有的家族在全世界都排在前面的。香港缺乏的不是金錢，而是決心或者奉獻社會的精神。企業家不光要發展自己的商業帝國，還要幫助地區發展文化。麥迪奇家族實際上扮演了把全歐洲的文化精英、科技精英吸收到佛羅倫斯的角色。歷史總是驚人地相似，但是不會簡單地重複，今天香港也不是當年的佛羅倫斯。

「現在我覺得不能只靠這些家族來做這些事情，也不能僅僅依靠政府來做這些事情，要發揮全社會的力量，包括社團和政黨。像我們建立紫荊黨，那肯定是致力於香港長期穩定的，也致力於把香港打造成中國的佛羅倫斯。所以包括我們這樣的新政黨在內，全社會都應當、

都可以作出貢獻，所以我們提出一個口號叫共建香港，無問西東。」

談到紫荊黨的定位，李山表示，紫荊黨跟其他政黨的區別，是並不具體為某一個階層、某一集團服務，而是希望為最大多數的香港市民服務。

「我們創黨是因為看到2019年香港的挑戰。我記得我最早是在清華大學國家治理研究院2019年年會上提出建黨，完全是針對那時香港的挑戰。我相信黑暗之後會有光明，但是走出黑暗，需要大家組織起來，共同努力。因此，我覺得需要建立新政黨來捍衛香港的一國兩制，實現長期繁榮穩定。因此，紫荊黨並非要為某

一個階層、某一集團服務，我們希望為最大多數的香港市民服務。」

發展科創中心 須吸引「海歸」人才

他又說，紫荊黨在黨員構成方面，有一些特點，就是出國留學、工作，然後回到香港的人比較多，俗稱「海歸」，包括從內地出去的，也包括從香港出去的，但都學成歸來，在香港基本上都是一些專業人士。「但是這並不意味這個黨就是為『海歸』服務的」，他以共產黨創黨為例子，「1921年共產黨成立的時候，陳獨秀、李大釗等都是從日本回來的創黨成員，但是他們成立共產黨並不是為了服務『海歸』，是因為當時民族危亡，建黨旨在解決社會公平正義問題。紫荊黨也應當是為香港社會、為香港市民服務的，並不專門代表某個階層的利益；既不專門代表新移民、新港人的利益，也不專門代表『海歸』的利益，但是反過來說，新港人是香港人，『海歸』也是香港人，我們服務香港人，也服務他們的利益」。

李山解釋，紫荊黨的定位更加寬泛，吸收的黨員也更加寬泛，因此才提出「共建香港，無問西東」的口號。「當然了，羅馬不是一天建成的，紫荊黨成立初期，會比較集中發展有『海歸』背景的，或者是各行業的精英、專業人士，但前提是願意服務香港，願意服務香港市民。這樣與香港未來發展方向比較符合，因為香港是一個中西合璧的地方，是要成為中國與世界的橋樑。所以這些『海歸』，譬如說，像我這樣對內地比較了解，就可以協助香港，包括特區政府怎麼融入中國內地，更好地理解『十四五』規劃。另一方面，我們希望香港成為一個全球城市，便要與全世界各國交往，互相學習、互相交流，這些『海歸』在海外學習、生活的經歷，肯定是很有幫助的。第三就是規劃提到香港除了要鞏固金融中心、發展航運中心、貿易中心外，最重要的一件事，就是要發展創科中心。發展創科中心最關鍵的是人才，要把全世界科技人才吸引到香港，最有可能來的人一定是『海歸』。香港是中國的一部分，有濃厚的中國文化，對廣大『海歸』很有吸引力。」

提出四大目標 支持愛國者治港

紫荊黨之前提出的一些倡議，例如全民集資組公司建明日大嶼、上下議院制改革立法會等，都在社會上引起議論。李山強調，他們會根據香港不同的發展階段提出重點建議，努力抓住社會的焦點問題。例如香港未能推動23條立法，他便在全國政協提議由國家制訂香港的國家安全法規；「那時香港立法會『拉布』很嚴重，議而不決，我就提出改革立法會的建議。不過現在這些問題都解決了，香港由一個鬥爭的階段，走向一個建設的階段。中央派出宣講團來港，這本身就是一個強烈的訊號，穩

李山指出，香港的優勢是中西合璧，實行一國兩制，有不可替代的優勢。（Shutterstock）

定是為了發展，鬥爭是為了建設。在這個新的階段，紫荊黨的工作重心也會有改變。」

紫荊黨是2020年3月成立的。「經過了一年多的思考，我們認為今後的重點應放在經濟上、科技上、民生上。我們提出幾個新口號，或者說更具體的近期目標，第一個是有為政府，政府一定要有為，有擔當，才叫有為政府；第二個是公平社會，一切的政治都應圍繞着建立一個公平社會；第三個是創科中心，我們覺得香港新的經濟增長點，就在於搞創新科技，最後的目標便是香港要成為一個全球城市。我們要努力成為全球城市，像紐約、倫敦這樣的全球城市。」

他說：「我們背靠中國這個全球第二大經濟體，我相信中國不久就會成為第一大經濟體，而香港又在中國這個經濟體裏面，享有一國兩制的優勢，因此我們有能力，也有義務去成為偉大的城市，讓東方之珠更加璀璨。」

那麼，實施了《港區國安法》的香港，未來5年應該怎樣走？

「剛才提到紫荊黨的四個目標：有為政府、公平社會、創科中心、全球城市，這是我們努力的方向，也希望是香港人今後共同奮鬥的目標。中央提出愛國者治港，但愛國者不一定是治港之才，愛國者也可能患得患失，不願意站出來服務社會，這個時候最需要有

擔當、有能力的愛國者出來，把今後的香港治理好。」他續説：「但是特首的作用有限，關鍵是要有一個良好的治理體制。不僅特區政府、立法會，還包括各社會團體、政黨，都要發揮積極作用。這些團體、政黨、立法會，還有政府，構成了香港的治理體系，應由有能力的愛國者領導。怎麼發掘人才，加以培養和鍛鍊，最後承擔起領導香港的重任，這是紫荊黨很希望作出貢獻的地方。」

代表中國與世界對話

李山透露，紫荊黨正在辦一個培訓班，專門培養愛國治港人才。他希望這個培訓班側重「道」的層面多於「術」的層面。「我在清華大學教過政治哲學，體會到這些課程對學生是有幫助的。香港行業精英很多、聰明人很多，跟世界、跟內地有關係的人也很多，但真正深刻理解一國兩制、真正了解中國與世界的大變局、真正了解香港能夠對中國、對人類作出貢獻的美好前景的人，還是很有限的。」

他説：「現在有了《港區國安法》，改革選舉制度亦打下制度的基礎，但並沒有解決所有問題，有些問題可能還會繼續惡化，這就需要有擔當的人站出來。所以，培養領導班子不僅是要愛國，有能力，還要是有犧牲精神、奉獻精神、有擔當精神的治港人才。」

「香港一百多年的發展就是中西合璧。以前更多是把西方事物，包括西方的標準引進中國。今天中國變強大了，有義務對世界作出貢獻，也有自己的國家利益需要保護，在這些方面，香港可以代表國家去參與跟世界對話，不光是講好中國和香港的故事，也要講好世界的故事，參與建立人類命運共同體。這些方面，香港肯定有其獨特地位。」

他續説，辦培訓班為什麼要講「道」的層面？是要提高大家看問題的高度。「具體而言，要站在中國與世界的窗口、橋樑這樣一個高度，代表中國去參與與世界的對話和交流，而不僅是説香港要發展旅遊業、科技業，這些當然是一定要做的，但我們需要有更大的願景，也要有更大抱負的人才。在這個意義上，我認為『海歸』會在未來香港發展中起到重大作用。」

談到發展黨員的難度，有報道説紫荊黨要發展25萬黨員，李山認為，「紫荊黨現在重點是組織培養愛國治港人才，我們希望能服務香港絕大多數市民，建設香港的方方面面，包括代表中國去參加與世界的對話和交流，因此需要各方面的人才，愈多人參與愈好，所以25萬人絕對是不多的，也不是不可能做到的。」

「不謀萬世者，不足謀一時；不謀全局者，不足謀一域。」李山最後説，因此紫荊黨要腳踏實地，不忘初心，為香港一國兩制行穩致遠，奮發努力，久久為功。灼

發展新思維

《施政報告》揭示新思維
社會再聚焦民生發展

撰文：本社編輯部

行政長官林鄭月娥2021年10月發表本屆政府最後一份《施政報告》，提出發展北部都會區的宏圖大計，有關規劃願景揭示了未來香港的發展方向，將會進一步加強與深圳的緊密關係，融入大灣區及國家發展大局，相關議題在未來數年料將持續引發熱烈討論。

林鄭月娥為連任特首鋪路？

林鄭月娥在本屆任期結束前公布規模宏大的長遠發展策略，也引來有意連任下屆特首的揣測。儘管她本人已否認是為了競選連任鋪路，但北部都會區的構思及發展策略，確實是具前瞻性及充滿野心，不僅配合國策，還有多個重大目標，包括緩解長期困擾香港的土地供應不足及房屋問題，以及提升香港的創科實力，減少香港經濟過份倚賴金融地產，令創科成為未來經濟發展的新引擎。香港經歷了多年的政治爭拗及社會撕裂，現時局面趨穩下，社會再次聚焦討論香港未來的民生發展路向，可說是北部都會區計劃帶來的正面效應。

凌嘉勤闡釋就業板塊及發展機遇

被視為北部都會區發展策略主要推手之一的規劃署前署長、港深合作策略規劃顧問凌嘉勤教授，應邀出席2021年10月底舉行的灼見名家七周年論壇「香港下一個五年」，與華懋集團執行董事兼行政總裁蔡宏興先生，以及大灣區香港中心研究總監王緝憲教授在「發展新思維」環節對談，北部都會區計劃成為討論重心，出席嘉賓踴躍提問。本社於相隔不足一個月後舉行「北部都會區規劃及創科新布局」論壇，再次邀請凌教授發表專題演講，詳述北部都會區規劃願景。

為了讓讀者掌握北部都會區未來發展的挑戰及機遇，本社訪問了凌教授，並整理他在以上兩個論壇的發言，闡釋發展北部都會區的願景、目標、發展策略、行動方向及細節。凌教授心目中的北部都會區，建設完成後居住人口可達250萬，將會是一個宜居宜業宜遊的創科重鎮。他強調發展北部都會區其中一個成功關鍵，「是必須在新界北部創造大量工作機會，要改變以往主要藉建屋帶動發展新市鎮的策略。北部都會區要發展成一個整全的都會區，要有相當數量職位供應，以及高質量的都會社區設施」。

凌嘉勤向本社詳述「五大就業板塊」，並強調

北部都會區與深圳緊緊接壤,具有區位優勢。香港與深圳融合發展,形成「雙城三圈」格局。「雙城」指的是香港和深圳,「三圈」則由西到東,分別為深圳灣優質發展圈、港深緊密互動圈和大鵬灣/印洲塘生態康樂旅遊圈。凌嘉勤認為,香港可利用港深融合為助力推動發展,任何大型基建項目,都應放在「雙城三圈」的座標來考慮,以善用香港和深圳的發展機遇。

王緝憲指政府須更積極主導

熟悉港深發展的大灣區香港中心研究總監王緝憲教授形容,北部都會區發展規劃是大突破,扭轉港英時代拒絕開發新界土地的格局。他指出,新界北部可以較快形成建設的土地不少,對生態環境影響較輕,可望更快開發土地。其次,對香港形成新經濟行業很重要,在新界北部發展創科,將為在香港及海外大學學成的年輕人提供發展事業的機會。

王緝憲直言,建設北部都會區的成功關鍵是政府必須更主動積極參與,提升執政能力,改變過去小政府的格局。除了政府主導推動發展,吸引企業到區內投資也很重要,他指出,要確保資金湧入和有份量的企業進駐,首先要做好與深圳的「四通」,即人流、物流、資金流、信息流的暢通,人員流動尤為重要,畢竟希望能借助內地人才發展創科。

蔡宏興稱基建先行有利發展

作為發展商,華懋集團執行董事兼行政總裁蔡宏興對北部都會區發展計劃表示歡迎,預料可供發展土地數量將會大增,為長遠發展增添信心,但他希望政府能鬆綁土地審批制度,加快諮詢及環評等審批程序,盡快紓緩土地不足及房屋短缺的燃眉之急。

蔡宏興認為,北部都會區發展以基建先行,是一個可取的做法。「今次有一點與以往不同,便是基建先行,先放有需要的基建進區內,因此,接下來的區域發展會順利得多。」

在分析未來樓市前景時,蔡宏興指出,現在樓市短期供不應求,市民希望改善生活環境,對住宅單位需求增加,受剛性需求帶動,樓價難以回落,但隨着不同來源土地供應增加,樓市將平穩發展,香港將成為更宜居地方。土地供應增加有助樓價平穩發展,而長遠對發展更有信心,海外投資者也會前來香港投資。

正如不少論者指出,建設北部都會區是為時十多二十年的發展規劃,遠水不能救近火。香港備受房屋短缺問題困擾,基層人士苦苦輪候公屋,再加上貧富懸殊加劇,疫情下多個行業蕭條,從業員就業困難,導致社會瀰漫一片怨氣,如何緩解燃眉之急,是擺在面前的重大挑戰,有賴政府與各界通力合作。希望這次建設北部都會區掀起的熱烈討論,能夠啟發實用可行的新思維,為香港未來發展開創新局面。◙

凌嘉勤：
北部都會區將是宜居宜業創科重鎮

撰文：曾紹樑 ｜ 攝影：文灼峰

凌嘉勤 銀紫荊勳賢。專業城市規劃師，擁有中華人民共和國註冊城市規劃師資格，曾任規劃署署長及香港規劃師學會會長。從規劃署署長職位榮休後，獲香港大學及香港中文大學委任為客席教授，香港理工大學委任為實務教授（城市規劃）及賽馬會社會創新設計院總監。

現任香港房屋協會副主席、香港數碼港管理有限公司董事、郊野公園及海岸公園委員會主席，以及政策創新與統籌辦事處港深合作策略規劃顧問。

港深合作策略規劃顧問凌嘉勤教授兩度出席灼見名家舉辦的論壇及接受本社專訪，闡釋《北部都會區發展策略》的理念和動力，包括如何利用毗鄰深圳的區位優勢，在新界北部開拓土地及創造職位，把北部都會區發展成宜居宜業宜遊的生活社區及創科產業中心，與現有維港都會區並駕齊驅。

行政長官林鄭月娥2021年10月6日發表《施政報告》，當中最受矚目的是北部都會區發展計劃，同日政府公布《北部都會區發展策略》報告書（下簡稱《發展策略》），列出10個重點行動方向，期望用20年時間基本建成北部都會區。外界認為《發展策略》相當進取，港深合作策略規劃顧問凌嘉勤教授在接受本社專訪時指出，解決香港土地緊絀的問題及形成經濟發展新動力，需要發展一個位於新界北部整全的都會區，同時要放在港深「雙城三圈」的概念來考慮，如此才能解決區內居民生活和就業等需求，更好地配合港深融合發展的方向。

北部都會區計劃的目標是發展為一個宜居宜業的創科重鎮，與維港都會區形成雙都會的發展架構。凌嘉勤強調：「必須在新界北部創造大量工作機會，要改變以往主要藉建屋帶動發展新市鎮的策略。北部都會區要發展成一個整全的都會區，要有相當數量職位供應，以及高質量的都會社區設施。」

五大就業板塊善用跨境優勢

那麼，北部都會區如何創造大量職位呢？凌嘉勤表示有五大就業板塊：「如果由西向東看，第一個就業板塊是大幅度擴大洪水橋/廈村新發展區，並提升它為香港的現代服務業中心，利用洪水橋至深圳前海的跨境鐵路，擴大新發展區至流浮山，在當地建立數碼科技機構，甚至可以與深圳互相呼應，相信在港方鐵路沿線可提供許多數碼創科產業和現代服務業的就業機會，這是第一個就業板塊。」

第二個就業板塊，是新田科技城。「也許這

凌嘉勤出席灼見名家七周年論壇,闡釋《北部都會區發展策略》的理念和動力。

個板塊會比較着重硬科技方面,例如生命健康創新科研中心,需要建立許多高素質,甚至是國家級的實驗室。新田科技城面積大約1100公頃,有一半地方做保育,另一半地方發展,而發展的部分,除了有經濟用地、科研的部分外,還有龐大的住宅發展,規模將達到4個太古城,裏面亦一定會有充裕的社區設施,將會是一個完善整合的社區。」凌嘉勤指出,國內外許多研究顯示,一個成功的科技城,它同時也是一個成功的生活社區,科研人才可以在社區內建立家庭,同時也是安心工作的地點。因此,環境優美的新田科技城,會是第二個就業板塊。

第三個就業板塊將是羅湖/文錦渡發展樞紐。「這主要是發展住宅區,不過那裏將有很多民生商業的發展,亦會有許多跨境民生服務、醫療服務或跨境教育服務,都會有許多空間和機遇讓我們去建立。」他説。

第四個就業板塊將圍繞着蓮塘/香園圍口岸一帶。凌嘉勤表示,規劃署最近開始對該區進行規劃工作,「這個板塊的特點,是會將文錦渡現有的跨境鮮活食品過境測檢服務,搬往蓮塘/香園圍口岸。目前在上水的屠房,亦建議遷往香園圍一帶的地方。鮮活食品的檢測、處理和分發,將是該區的經濟基礎。」處理鮮活食物需要先進的科技和清潔的工作空間,而分發食品的物流服務也將會是一個先進的處理過程。深圳在鹽田區也有很多食品及藥品科技產業發展的布局,港深在這方面有很好的合作空間。

第五個就業板塊將是大鵬灣、印洲塘生態旅遊服務圈。「生態旅遊是一個重要的就業板塊。發展並不只是400米高的摩天大廈及寬闊筆直的大馬路。保護生態資源，推動可持續的生態戶外康樂及旅遊活動也是發展的一種方式。這方面，我們大家都需要提升對發展的認知。」

十大行動方向構建香港未來

凌嘉勤表示，總括而言，發展北部都會區有10個關鍵的行動方向：

1.興建港深西部鐵路（洪水橋──前海），擴大洪水橋/廈村新發展區至流浮山及尖鼻咀一帶等。

2.構建香港矽谷──新田科技城，佔地1100公頃，是創科人才工作及生活的綜合社區，提供給創科產業發展的總樓面面積相當於16.5個香港科學園。

3.研究北環線東延及擴大古洞北新發展區。

4.建設羅湖/文錦渡綜合發展樞紐。

5.實施創造環境容量的積極保育政策，包括面積約400公頃的南生圍濕地保育公園、面積約500公頃的三寶樹濕地保育公園，以及面積約300公頃的蠔殼圍濕地保育公園，最終形成一個面積約2000公頃的完整濕地及海岸生態保育系統。

6.締造高景觀價值的戶外生態康樂/旅遊空間，包括穿越郊野走入市區的新界北城鄉綠道，以及尖鼻咀至白泥的海岸保護公園及海濱長廊。

7.積極主動改善職住平衡，釐定產業發展政策，包括無地域限制的政府辦公室，可選址於北部都會區。

8.建設宜居宜業及可持續發展社區，政府主導協調，超前提供學校、公園、社福及醫療服務等社區設施，並建設都會級的文化、康樂及體育設施。

9.改革行政機制及工作流程，包括在政府內設立高層協調機構，全面負責領導包括北部都會區在內的大型區域發展。

10.增強香港的輻射力、全面布局大灣區，以包括港大、中大等八大院校在深圳/內地及各個內地灣區城市的教研設施作為據點，在相鄰的社區增加方便港人生活的設施，令港人更願意在大灣區工作和生活。

> 《北部都會區發展策略》百分之一百完全是本地製作，不僅是為了下一代，也是為了這一代規劃一個新的都會區。啟動北部都會區發展的時候，過程中能夠創造大量的工作職位，是這一代人也可以受惠的。

與深圳只有一河之隔，令新界北部具有獨特的區位優勢。（亞新社）

以上的10個主要行動方向，有4個主要涉及土地開拓，「我們多開拓600公頃的發展用地，裏面包括經濟用地和住宅發展用地，及發展5條鐵路。」凌嘉勤笑説：「社會輿論一般比較關注四大拓地方向（包括擴展洪水橋新發展區、發展流浮山至白泥、擴展古洞北新發展區，以及羅湖/文錦渡綜合發展樞紐）及新田科技城，但其實第5、第6個方向（戶外生態康樂/旅遊空間項目，以及濕地保育公園）是關於環保的，對塑造北部都會區獨特的都會景觀，是非常重要的。

「第7、第8個行動方向主要關乎民生，涉及如何改善職住平衡，如何發展一個可持續的社區。第9個行動方向則是政府管治上的改革，主要改革行政機制和工作流程，令我們能夠更有效推動北部都會區的發展。」凌教授續説：「第10個行動方向，是全面布局大灣區，如何

利用八大院校在大灣區的校園、科研設施，以及由港大及中大營運的兩間醫院為據點，規劃和發展它們的相鄰社區，使這些社區與香港有更密切連繫，令香港人可以更方便在內地居住和工作。」

凌嘉勤強調《北部都會區發展策略》百分之一百完全是本地製作，不僅是為了下一代，也是為了這一代規劃一個新的都會區。北部都會區是一個發展過程，「我們啟動這個過程的時候，能夠創造大量的工作職位，是這一代人也可以受惠的。」

回顧《北部都會區發展策略》的文件，凌教授指出意念上的重點和願景。「首先是要有一個規劃基礎，（北部都會區）是整合了香港的最新的策略規劃，即《香港2030+：跨越2030年的規劃遠景與策略》（簡稱《香港2030+》）

裏面關於北部經濟帶的規劃，擴充了和整合了北部經濟帶，成為一個北部都會區。

香港毗鄰深圳具區位優勢

北部都會區的發展，有一系列國家政策的支持，包括《十四五規劃》、《粵港澳大灣區發展規劃綱要》等。凌嘉勤認為，北部都會區也有一個區位優勢，「即是説，一些優勢只有北部都會區擁有，而其他地方沒有的。」他説：「鄰近深圳是北部都會區獨有的區位優勢。我們發展北部都會區的時候，可以利用港深融合發展作為助力。」另外，他提到北部都會的策略目標，包括：

一、在發展過程中，令香港更好地融入國家發展大局，以及完善融合發展的機制。

二、構建一個完整的創科產業生態系統：從創科研發、先進製造業到支撐創科產業發展的投融資及專業服務，形成香港第二個經濟引擎。

凌嘉勤説，香港一般以金融服務、專業服務、第三產業（即服務業）為主，將來這個完整的創科產業生態系統會成為第二個經濟引擎。此外，「北部都會區也是為市民而建的，因此它一定是一個宜居、宜業、宜遊的都會區，會跟現有的維港都會區並駕齊驅，相輔相成。」

在規劃的工作手段方面，就是制定《北部都會區發展策略》。凌嘉勤指出：「這個《發展策略》以行動為本，裏面有10個主要行動方向、45個行動項目，其中有傳媒廣泛報道的「雙城三圈」概念。「這個概念不是我們發明的，是我們整合了香港和深圳的發展狀況，用一個概念化、形象化的方式把這個狀況表述出來。」

「雙城三圈」是未來發展方向

凌教授解釋，首先，在地理上，香港和深圳受到兩灣一河（深圳灣、大鵬灣和深圳河）的分隔，過去數十年，港深兩地政府努力建設了多個跨境口岸（羅湖、文錦渡、落馬洲（皇崗）、深圳灣、落馬洲支線（福田）、沙頭角口岸，以及最新的蓮塘/香園圍口岸），也建設了大量的高容量基建連接這些口岸及其腹地，再加上兩地在經濟上、社會上的發展和合作，實際上已經形成了「雙城三圈」的發展框架，《發展策略》只是將之概念化，讓市民更容易明白。

「雙城」指的是香港和深圳，「三圈」則由西到東，分別為深圳灣優質發展圈、港深緊密互動圈和大鵬灣/印洲塘生態康樂旅遊圈。凌嘉勤認為，香港可利用港深融合為助力推動發展；任何大型基建項目，都應放在「雙城三圈」的座標來考慮，以推動香港發展。

他進一步闡釋「雙城三圈」框架對於香港發展的作用，「可以説，我們日後每當考慮一個發展項目，我們都要找到這個項目在『雙城三圈』的定位如何，然後我們可以想一想，這個項目怎樣可以增強或善用香港和深圳的機遇，從而令這個項目能夠發展得更好」。他認為，

「雙城三圈」的概念，「令我們考慮每一個項目時，都要擴闊思考維度，令我們去想一想，項目對於跨界的作用如何？」

改變原有思維 棕地整合發展

稍早前，凌嘉勤接受灼見名家的訪問，他回顧2016年，發展局及規劃署公布的《香港2030＋：跨越2030年的規劃願景與策略》(簡稱《2030＋》) 諮詢文件。2021年又公布《2030+》的最終報告，估算到2048年，將有3000公頃土地短缺，為此他指出，特區政府多管齊下，回應土地需求問題，包括：

讓政府更綜合全面地改造這些棕地。

二、維港外大規模填海，填海規模要有相當大的面積，才符合成本效益，例如最大的交椅洲填海，面積便達到1000公頃。

他又指出，北部都會區將有一系列大規模的開發，包括新界北新市鎮和《發展策略》新建議的擴展洪水橋/廈村新發展區到尖鼻咀/流浮山/白泥一帶，擴展古洞北新發展區至馬草壟一帶、發展新田科技城、建設羅湖/文錦渡綜合發展樞紐等，都是大容量的基建項目。

凌嘉勤相信，當局現時已規劃足夠土地進行研

> 我們日後每當考慮一個發展項目，都要找到這個項目在『雙城三圈』的定位如何，然後我們可以想一想，這個項目怎樣可以增強或善用香港和深圳的機遇，從而令這個項目能夠發展得更好。

一、大規模改造新界棕地：基於新界棕地分散的現狀，政府收地綜合規劃，以發展新市鎮的方式大規模改造，其中最重要的是要有基建配套。

凌嘉勤認為，香港土地資源緊絀，新的規劃要有高密度的城市發展，大容量的基建支撐發展。

他指出，基建包括平整土地、鋪設道路、興建鐵路、醫院、學校、公園，以至排污等，需要一整套高容量的發展計劃。這些棕地資源多在新界北部，《北部都會區發展策略》能

究，「基建不但是房屋用地，也要有社區設施、交通基建、休憩用地、經濟用地等」。他相信，規劃中的項目，包括中部水域填海、白石角填海、改造最多棕地的北部都會區等，應該可滿足土地需求。

創造工作機會 上班選擇更多

他他指出，以往數十年的經驗，是藉興建房屋尤其是公營房屋來帶動發展，並成功建起9個新市鎮，但大部分職位仍在維港都會區兩岸，

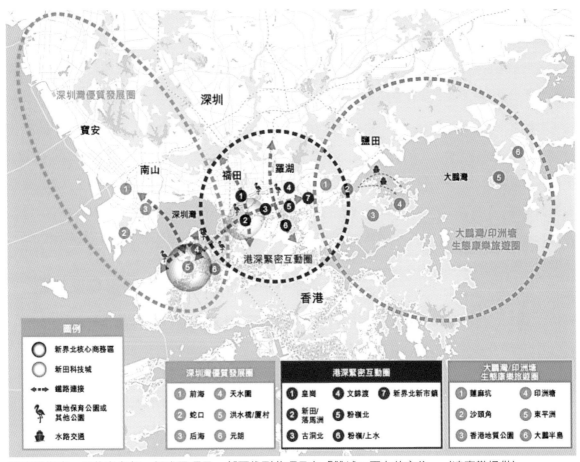

圖例

◎ 新界北核心商務區
○ 新田科技城
◆‥‥◆ 鐵路連接
🦩 濕地保育公園或其他公園
⚓ 水路交通

深圳灣優質發展圈	
① 前海	④ 天水圍
② 蛇口	⑤ 洪水橋/厦村
③ 后海	⑥ 元朗

港深緊密互動圈		
❶ 皇崗	❹ 文錦渡	❼ 新界北新市鎮
❷ 新田/落馬洲	❺ 粉嶺北	
❸ 古洞北	❻ 粉嶺/上水	

大鵬灣/印洲塘生態康樂旅遊圈		
① 蓮麻坑	④ 印洲塘	
② 沙頭角	⑤ 東平洲	
③ 香港地質公園	⑥ 大鵬半島	

凌嘉勤指出，日後考慮每一個發展項目，都要找到此項目在「雙城三圈」的定位。（凌嘉勤提供）

造成工作職位及居住人口極不平衡的空間分布。大部分市民「早上往南返工，晚上向北回家」，以東鐵線為例，早上由北往南爆滿，由南往北使用量只有30%。每日大量居民花一兩小時上班，又花一兩小時回家，影響城市經濟操作效率，基建投資的社會回報成本效益偏低，更影響城市宜居程度。

凌嘉勤指出，新界北部需要工作機會，要改變以往只藉建屋帶動發展的策略，北部都會區便

要發展成一個整全的都會區，要有相當數量職位供應，以及高質量的都會社區設施。目前元朗區內只有元朗大會堂，北區醫院規模有限，區內也沒有大學。因此，要發展，便要有齊房屋、就業機會、公共設施、都會設施和景觀，例如像中區中銀大廈、灣仔會展中心等地標建築，而人文景觀和自然景觀也都要有特色。

從這個角度看，原有發展新市鎮的思維已不適用，需要用整全都會區的發展概念。「北部都

會區居住人口可達到250萬，三藩市人口80餘萬，哥本哈根也只有50多萬，墨爾本是200多萬。她們都是世界級的都會城市」，他希望北部都會區也可發展為世界級都會區。

凌嘉勤認為，從發展北部都會區，可看到政府解決香港土地問題的方向，他說：「未來為居民創造高素質的生活。北部都會區的居民工作有三個選擇：1.原區工作；2.向南到傳統的維港都會區上班；3.北上就業。就業機會比現在大得多，吸引力也會比現在大得多；獨特都會景觀，如魚塘、濕地得以保全，與城市發展良好結合，將推出積極的保育政策，發展濕地保育公園、海岸保護帶達2000公頃。」

創新保育並行 鐵路直達前海

另一建設是新界北城鄉綠道，透過現在及未來的規劃，可以擁有城鄉交融的美景，成為別具特色，媲美麥理浩徑、衛奕信徑、港島徑、鳳凰徑的鄉郊步行徑。

凌嘉勤又表示，北部都會區內多是創科產業，可構建創科產業生態系統。「大學相關的實驗室或國家級創科實驗室的科研成果，向產業轉化，需要有金融支撐。無論是天使投資、創投基金，金融創新與完善創科系統相關，會出現大量支撐創科產業的金融活動，也會衍生保護知識產權、制訂合約、處理糾紛等專業服務需求，從而帶動經濟、工管、金融、法律等等一整套生態系統都有機會落戶北部都會區。」

《發展策略》又建議及支持興建5條鐵路，包括建設羅湖南站、港深西部鐵路/跨境鐵路、北環線北延線、北環線東延線、自動捷運系統等，增加港深的跨境交通基建，並以鐵路發展開拓更多土地，帶動房屋建設和經濟發展。

新界北區及元朗現有約96萬居住人口，390000個住宅單位和116000個職位，整個北部都會區最終能夠容納250萬居民，並提供650000個工作職位，其中包括150000個創科產業職位。

「54321」總結北部都會區規劃

凌嘉勤用「54321」來總結北部都會區的發展：「5」是有5個新鐵路項目作為骨幹。他指出，「北部都會區一定需要由鐵路帶動發展」；「4」是4個大規模的拓地項目，包括發展房屋和經濟用地；「3」是3個濕地保育公園，「這是特區政府同意用積極的保育方法，來保育（北部都會區）的環境，並將有高生態價值的私人土地收回，連同政府土地，發展成為2000公頃完整的海岸濕地和漁塘的保護系統；「2」是兩個生態保育項目，一個是新界北城鄉綠道，有別於現有在郊野的行山徑，城鄉綠道可以連貫郊野和城市；另外，有一條長12.5公里、由尖鼻咀至白泥的海岸保護公園及海濱長廊，有單車徑和步行徑，作為城市發展與自然海岸中間的緩衝地帶，以及「1」個新田科技城。

總括來說，《北部都會區發展策略》能夠再開拓多600公頃房屋及經濟發展用地，為當地再

凌嘉勤表示，發展大鵬灣、印洲塘生態旅遊服務圈，可以在區內創造職位。（Shutterstock）

增加約18萬個住宅單位，再提供多60萬多至70萬個工作職位，當中不少是創科職位。凌嘉勤指出，目前該區人口少於100萬，未來人口增長約為2.5倍；目前區內工作職位約為11萬個，未來工作職位增長是6.5倍，因此將來工作職位的增長幅度，將遠遠大於人口增長幅度。他説，希望透過北部都會區規劃，能夠解決香港長久以來職住不平衡的狀態。他特別強調，新的職位、新的工作崗位不是20年後才出現的，而是會陸續出現。

凌嘉勤強調，香港與內地的融合，是與世界上最大單一市場的融合，是同世界上最大工業化經濟體的融合；香港與大灣區的融合，一方面香港是大灣區的一員，整個大灣區人口已達8000多萬，多於英國的6800萬；另一方面，深圳的人口逾1700萬，甚至接近2000萬，再加上香港700多萬人口，港深兩地逾2500萬的

人口，已超逾台灣的總人口，數量相當可觀。

他強調，香港一定要藉着北部都會區的規劃，大力改變現在南北失衡的態勢。因此，北部都會區是一個發展重心再平衡，也是公共資源配置再平衡的規劃。

凌嘉勤特別指出，目前在北部都會區，「一間大學都沒有，一間大醫院都沒有」，也沒有耀眼的文康設施，將來在北部都會區安排設施，一定要從都會區的級數去考慮，因此不會像以往般，局限於以建設幾個新市鎮為目標。他認為，如此才可以令南北職住不平衡的狀況得到根本的改善。

可以預期，北部都會區將會連結深圳，成為中國華南地區未來的創新科技重鎮，強化香港與深圳共同發揮粵港澳大灣區雙引擎的功能，為香港居民締造一個宜居宜業的新都會。灼

蔡宏興：
土地供應增加有助樓價平穩發展

撰文：李幸夷 ｜ 攝影：文灼峰

蔡宏興 華懋集團執行董事兼行政總裁，在全球多個地方任職建築師和發展商逾30年，擁有豐富的公共和私人發展項目經驗。曾為香港政府、香港機場管理局、港鐵、市區重建局，以及非牟利機構和私人企業等提供服務。

曾任南豐集團董事總經理，Foster and Partners董事。擔任多個公職，包括香港科學園董事會成員、建造業創新及科技應用中心董事會成員、香港城市設計學會副會長（公共事務）、土地及建設諮詢委員會土地小組成員及規劃小組成員。

華懋集團執行董事兼行政總裁蔡宏興表示，《施政報告》提出建設北部都會區，料可供發展土地數量將會大增，為長遠發展增添信心，但他希望政府能鬆綁土地審批制度，加快諮詢及環評等審批程序，盡快紓緩土地不足及房屋短缺的燃眉之急。

行政長官林鄭月娥在2021年《施政報告》中提出建設北部都會區，把新界北部發展成宜居宜業宜遊的都會空間，成為香港境內促進港深融合發展和連繫粵港澳大灣區最重要的地區。華懋集團執行董事兼行政總裁蔡宏興表示，「北部都會區旁邊有個深圳市，一個接近2000萬人口的城市，對我們影響很大，但跟香港沒有距離，要發展成為都會區，潛力很大。」

蔡宏興指出，任何地區發展，基建都是重要一環，北部都會區發展以基建先行，而不是待有足夠居民入住才建設鐵路等基建設施，

是一個可取的做法。「我們一直研究如何讓香港成為一個宜居城市。《施政報告》提出北部都會區的藍圖，政府規劃提出有足夠土地讓香港成為宜居城市，這點我們是非常高興的。今次有一點與以往不同，便是基建先行，先放有需要的基建進區內，因此，接下來的區域發展會順利得多。」他說。

基建先行有助加快區域發展

《北部都會區發展策略》提出，將建設國際創新科技中心，整個都會區發展完成後，將可容納約250萬人居住，並提供65萬個職位，包括15萬個創科產業相關職位。連接北部都會區的運輸系統將以鐵路為主，建議的鐵路項目包括興建連接洪水橋／廈村至深圳前海的港深西部鐵路，以及把正在規劃的北環線向北伸延，經落馬洲河套地區的港深創新及科技園接入深圳的新皇崗口岸。其中連接新界北部和深圳前海合作區的鐵路項目，

計劃興建四個車站，以洪水橋站為轉乘站。蔡宏興説，倘鐵路通車，由洪水橋出發，前往前海的交通時間較前往中環更短。

蔡宏興表示，他作為一位香港市民，從事地產發展多年，一直希望把香港變成一個宜居城市，並提供充足的就業機會，但香港面對的困難是，以往可發展土地不足，在北部都會區可供發展面積達300平方公里，較現時可供發展的279平方公里為多，北部都會區成為推動香港長遠發展的動力，長遠不用擔心土地不足問題，相信亦有助香港融入大灣區區域經濟發展。

北部都會區及明日大嶼被外界視為香港未來兩大旗艦規劃，蔡宏興認為，明日大嶼在研究階段，未來會否真正拍板落實仍然有待觀察，在海中間填海，可能屬長遠方案，不一定是短期最有效增加土地的方法，難以即時解決香港面對的房屋短缺問題，因此近岸填海或加快北部都會區發展，可能會更有效增加土地供應。

早前有外媒報道指出，中央曾會見香港主要地產商，要求他們合作解決住宅短缺問題，不容許壟斷行為，報道更指地產商被告知「遊戲規則已經改變」。香港地產建

> 香港是大灣區的重要一員，不存在走出去再進入大灣區，香港結合大灣區本身的人口及資源，發展潛力一下子便倍增了，為香港經濟打下一口強心針。

冀政府加快土地審批程序

雖然建設北部都會區將會令土地供應的數量大增，為長遠發展增添信心，但要解決目前土地不足及房屋短缺的燃眉之急，蔡宏興希望政府能鬆綁土地審批制度，他認為現時部分諮詢程序過長以及重複，政府可以適當縮短諮詢期，盡快落實決定。「我同意諮詢、環境評估很重要，不過當局收到市民的意見後，可否加快審批？不宜拖太長時間。」

設商會舉行執委會後發表聲明，澄清未聞中央向發展商施壓，並重申一直關注香港土地房屋供應與經濟民生的問題，在良政善治的新環境下，商會及一眾會員定必繼續全力支持特區政府，增加土地房屋供應，改善經濟民生。

香港樓價可望長期平穩

有份出席執委會的蔡宏興分析，現在樓市短期供不應求，受剛性需求帶動，市民希望改善

華懋集團執行董事兼行政總裁蔡宏興出席灼見名七周年論壇，在「發展新思維」環節擔任演講嘉賓。

生活環境，對住宅單位需求增加，樓價難以回落，但隨着不同來源的土地供應增加，樓市將平穩發展，香港將成為更宜居地方。他指出，土地供應增加有助樓價平穩發展，而長遠對發展更有信心，海外投資者也會來香港投資。此外，政府積極興建基建設施，致力令香港成為宜居城市，可望吸納人才匯聚香港發展。

對於近期移出香港人士有所增加，蔡宏興稱，香港是中國的一部分，是一個自由及多元化城市，匯聚來自不同地區的人士，大家各展所長。有人移出，也有人移入。香港社會一向尊重不同人士的個人決定，有些人選擇離開香港，可能出於兒女升學考慮，也有部分展望開啟人生第二個階段，大家毋須介懷。九七年回歸前，也出現移民情況，卻無礙香港的繁榮發展。

他表示，身為地產公司，華懋集團不時吸納優質土地儲備，在2021年6月夥拍希慎興業以197.78億元聯合投得銅鑼灣加路連山道商業地，以最高可建樓面，約107萬平方呎計算，每呎樓面地價1.8萬多元，預計2026年底至2027年初完工。華懋集團與希慎合力斥巨資投得該幅銅鑼灣商業地王，反映集團對香港經濟前景充滿信心，深信香港憑多年國際經驗及靈活變通的個性，在不同環境也可以闖出高峰。

蔡宏興指出，新冠疫情肆虐，改變人們對工作環境要求，他們對衛生及健康的關注有所提升，在家工作變得流行，在全新的商業項目，有空間創造符合21世紀要求的辦公大樓，除了傳統的辦公功能外，可以加入綠化及提升生活質素的元素。以往寫字樓被間隔為一格格「白鴿籠」，而新一代的寫字樓則較開揚，空間感較強，容許公司成員互相交流，有助提高創新及生產能力。

入大灣區，香港結合大灣區本身的人口及資源，發展潛力一下子便倍增了，為香港經濟打下一口強心針。

蔡宏興指出，香港多個領域，例如建築、工程、醫療及教育等擁有優勢。事實上，香港這個人口700萬的彈丸之地，擁有4間排名位列全球100之內的大學，實屬難得。粵港澳大灣區強調優勢互補，互利共贏，而教育是香港的優勢產業，特別是在高等教育

> 港人一貫靈活變通，富創新思維，勇於嘗試，願意跳出傳統框架，且與國際接軌多年，有一定國際經驗，而前海定位是現代服務業中心，相信港商可以在前海發展出一分力。

蔡宏興表示，受新冠疫情拖累，香港過去兩年經濟發展受阻，但失業率僅微升，長遠前景看俏。集團將一如以往，陸續推出新盤，做到貨如輪轉。

大灣區發展為香港添動力

國家銳意推動粵港澳大灣區的發展，可望為香港未來發展增添動力。粵港澳大灣區是國家開放程度最高、經濟活力最強的地區之一，人口超過8600萬，地區生產總值達17000億美元，潛力龐大。蔡宏興認為，香港是大灣區的重要一員，不存在走出去再進

方面，因此特區政府鼓勵和支持香港的辦學團體及專上院校積極融入粵港澳大灣區的發展，參與相關建設及提供教育服務。事實上，香港多所大學已經或正在大灣區開設新校園，為國家培育人才，也為香港青年提供更廣闊的發展空間。

蔡宏興表示，據他了解，不少有意開拓大灣區市場的港商本身在當地已經有合作，以擴大本身的內地商業網絡。他稱，如果是初到貴境的門外漢，宜多往大灣區跑，先行了解當地生活情況，與當地社會加強交流。

既是發展商，又是建築師的蔡宏興身兼香港建築師學會會長，他表示，不少年輕建築師對內地情況並不了解，甚至仍停留在覺得內地落後的階段，他們應擴闊眼界，不應只局限在香港發展，而香港亦應該爭取參與大灣區不同城市更多設計比賽，讓香港年輕建築師有更大平台去發揮。

蔡宏興也是香港城市設計學會會長，他指出，未來將更積極推動成立大灣區城市設計師專業資格，讓兩地建築業界的交流與合作更暢順。專業聯盟的成員包括大灣區一些與城市規劃相關的組織，目標是提高城市設計水平和宜居性，加強包括城市設計師、建築師、園境師、規劃師和工程師的專業人士、公司和機構之間的交流。

港商可為前海發展出力

中央繼公布《橫琴粵澳深度合作區建設總體方案》，不久前再發布《全面深化前海深港現代服務業合作區改革開放方案》（前海方案），將前海深港合作區總面積增加約7倍，由14.92平方公里擴展至120.56平方公里，幾乎覆蓋深圳西海岸一帶，相當於香港總面積逾十分之一。

蔡宏興指出，前海較內地城市更開放，且有政策上的支持，給予稅務及其他優惠，法規又以港人熟悉的運作為藍本，相信不少港商會前往發展。他估計起步初期速度會較慢，

但隨着政策愈來愈完善及成功個案湧現，料更多港商會跟隨。

他表示，香港與國際接軌多年，擁有豐富的國際經驗，而前海定位是現代服務業中心，相信港商可以在前海發展出一分力。此外，前海積極擴大國際仲裁這方面的領域，透過資格互認，料更多專業人士將前往該區發展。

事實上，在前海的發展中，香港一直擔當重要角色。從2010年開始建設起，前海就定位為深港現代服務業合作區，多年來，在中央支持下，港深政府通過稅務優惠、落地扶持資金、專業服務開放等措施，為香港企業落戶前海合作區搭橋開路，至今已成功匯聚了多達11500家香港企業，涵蓋多個專業服務業等範疇。

前海方案提出一系列政策舉措，包括推進現代服務業創新發展、深化與港澳服務貿易自由化、擴大金融業對外開放、提升法律事務對外開放水準等，將有助更多香港專業服務落戶前海。特區政府將繼續與中央相關部委商討，包括如何透過CEPA（《內地與香港關於建立更緊密經貿關係的安排》）加快落實前海方案中進一步開放服務貿易的措施。

中環街市成為活化項目指標

華懋集團近年其中一個指標性項目是活化中

活化中環街市是華懋集團近年其中一個指標性項目，蔡宏興指集團並非只着眼於追求利潤。

環街市，向市區重建局投得10年營運權。蔡宏興稱，中環街市有過百年歷史，曾經歷數次拆卸重建，現存大樓建於1939年，有80多年歷史，而華懋集團有60年歷史，兩者共同見證香港的成長。集團由一間小廠，轉型至一間地產公司，是香港社區的一員，希望把香港傳統及優點發揚光大。他相信今日的工作，將成為明日的歷史。

他指出，現代企業轉型當中，企業也是社會一分子，希望創造一個共贏空間，以中環街市為例，華懋集團並非只着眼於追求利潤，也提供一個富有人情味的場景供普羅市民享用，希望中環街市成為港人的家，家庭成員按本身不同的興趣去探索，也按不同消費能力去選擇自己心儀的東西，「每次踏入中環街市，我就像是回到自己屋企一樣。」他說。

蔡宏興認為，城市保育並不是把整幢建築物原址封存，不是單純變成一所博物館，而是需要跟隨社會發展步伐而注入新元素及新功能，中環街市引入5G流動網絡，結合物聯網（Internet of Things）技術，市民可透過流動應用程式（App）體驗嶄新的點餐旅程，從自己手機一站式瀏覽各食肆食物，然後輕鬆點餐。集團運用現代科技，為消費者帶來快捷貼身的服務。

華懋集團以Playground for All的概念奪得中環街市10年營運合約，希望善用中環街市的

歷史遺產與集體回憶,把新舊鄰里、上班族以至旅客連繫起來。蔡宏興指出,中環街市樓面面積12萬平方呎,其中約一半為公共空間,尚餘出租面積不足6萬方呎,該集團視中環街市租客為商業夥伴,如果對方需要,樂意在產品陳列及其他方面提給予意見,彼此取長補短,彼此協力,擴大生意。

中環街市引入plug-to-operate的概念,為商戶提供基本裝修及傢俱,配合完善的POS營銷系統,讓商戶減低開店成本,一進場即可營業。而中環街市以開放式設計,劃分逾100個出租店舖空間。

現代科技推動社會進步

蔡宏興表示,人類進步,往往由創新帶動。電力面世後,扭轉燒煤燒炭的局面,提升整體生產力,今時今日,社會的進步由現代的科技推動,節省開支,提改生活水平。

香港銳意發展創科,為了協助創科企業加快把創新方案在業界大規模應用,華懋集團與香港科技園公司合作的CCG Accel — Powered by HKSTP加速器計劃擬分三期進行,其中第一期合共10間獲選入圍的創科企業的創新方案於中環街市落地試行,以便企業取得實際數據改良本身的方案,擴大其於商業上的應用性。蔡宏興說:「年輕人創意多,但商業知識不多,我們成為一個橋樑,把年輕人的創新意念結合商業運用。」

10間獲選入圍的創科企業的創新方案於中環街市落地試行,以便企業取得實際數據改良本身的方案。(香港科技園公司)

展望香港未來前景,蔡宏興指出,未來數年將是關鍵時刻,特區政府與立法會關係改善,以往受阻的政策相信可以成功出台,有助改善民生,深信政府有資源及人才落實各項政策,帶領香港再度向前邁進,提升香港競爭力。

蔡宏興表示,自開埠以來,港人一貫靈活變通,富創新思維,勇於嘗試,願意跳出傳統框架,且與國際接軌多年,擁有豐富國際經驗,未來加強與深圳合作及進一步融入大灣區,前景值得看俏。⑩

王緝憲：
《施政報告》扭轉開發新界土地格局

撰文：凌嘉偉 ｜ 攝影：文灼峰

王緝憲 大灣區香港中心研究總監。出生於北京書香門第，文革中在磚瓦廠做壯工八年，1978年考入中國人民大學生產布局專業。曾就職中國科學院地理研究所，再到香港大學進修碩士，多倫多大學獲博士。1993年到港大地理系任教。研究專長為交通運輸網絡和節點與城市和區域發展的關係，參與超過30個中、港及其他亞洲國家的港口城市規劃發展研究。除了學術專著與文章外，近年開始非學術寫作，包括《香港怎麼了？》（香港城市大學出版社，2016）。

大灣區香港中心研究總監王緝憲教授指出，《施政報告》提出發展北部都會區，建設國際創科中心，扭轉了港英時代以來，拒絕在新界北部開發的格局，更有助促進創科人才培訓，有利香港形成新經濟行業。他認為港深兩地的互補性極強，必須加強合作，但雙方都需要找到可行方法互相「嵌入」發展，在保持自己體系的同時，與對方形成合力。

行政長官林鄭月娥於2021年10月發表本屆特區政府最後一份《施政報告》，其中最受矚目的是提出發展北部都會區，並藉都會區的發展加強香港與深圳合作，建設國際創新科技中心，與提供金融服務為重點的維港都會區形成「南金融、北創科」的布局。《施政報告》發表後，輿論認為這是香港回歸24年來，首次跨過深圳河做規劃，意義重大。熟悉港深發展的王緝憲教授對此表示認同，形容這是一次大突破，扭轉以往開發土地的格局。

「我形容這是一個地理轉向，或者可以説是政治事件引發的地理轉向。回溯至1898年租借新界予英國，當時英國人對新界的想法，都只是希望可以保住九龍及香港。」王緝憲指出，即使香港回歸以來，香港做規劃亦並沒有在地理上跟內地更加接近。因此《施政報告》公布北部都會區計劃後，內地媒體的報道鋪天蓋地，甚至表現得比香港的媒體更加關注，例如有內媒提出「300平方里擁抱深圳」的説法，可見內地的重視程度。

王緝憲表示，這個轉向有兩個重要意義。「首先是徹底否定了港英時代以來，拒絕在新界北部開發的格局。新界北部可以較快形成建設的土地不少，對香港的生態環境影響亦較輕，完全可以在東大嶼（填海）之前就開發。其次，對香港形成新經濟行業非常重要。試想想香港年輕一代，如果在香港的大學畢業或在海外學成返港，他們首先考慮（工作及生活的地方）不會是大灣區其他城市，不會是前海，而是香港。目前香港可以讓理工科學生發揮所長的行業太少，在新界

王緝憲出席灼見名家周年論壇，他表示深圳與香港的互補性極強。

成功關鍵在改變官場文化

《施政報告》提出北新都會區發展策略後，社會各界熱烈討論，特首林鄭月娥提出願景，希望北部都會區成為「香港未來20年城市建設和人口增長最活躍地區」。王緝憲直言，建設北部都會區的成功關鍵是改變目前的官場文化。

「半個世紀以來，香港一直自譽為最自由的市場。香港從大學到社會媒體，都一直在向民眾灌輸一個簡單而堅定的理念，就是市場經濟是最合理的，因此，政府干預愈少愈好。我也認同市場在資源配置上的角色。但是，以往香港一些成功的地方和有特點的地方，恰恰有明顯的政府干預。例如，香港從1970年代以來堅持發展公共交通，特別是鐵路優先的政策，才讓香港沒有成為馬尼拉或曼谷那樣汽車成災的城市，而被認為是當今可持續交通最成功的城市之一。」

「一直以來，香港集中在維港兩岸的發展，也不是市場之作，而是從1898年租借新界時，港英政府就定下的基調，即用新界作為緩衝區，確保香港與中國大陸保持距離。今天，當政府決定向北開拓都會區，並不代表對市場經濟的背離，而僅僅是一個政治選擇。就像當今世界各地一樣，非市場的力量一直存在，不論是否標榜自己是自由經濟體制。」王緝憲說。

他指出，世界很多國家，包括市場經濟國家，像加拿大、德國、瑞典等，都有靠政府建立高新科技園區成功的案例。科創成功的難點在起步，在於是否有資金支持「試錯」。「在香港這個資金自由流動、風險投資者又缺少支持試錯文化的地方，由政府牽頭，是通過科創實現經濟再次起步的關鍵。」

鄰近深圳有利吸引企業進駐

除了政府主導推動發展，吸引企業到區內投資也很重要，但王緝憲並不擔心企業對新界北部缺少興趣，因為地理位置很理想。「香港與深圳毗鄰，深圳有接近2000萬人口，對香港的影

港一直有鮮明特色的國際化標準和服務，不僅包括專業服務中的產權保護、融資便利、信息安全等，還包括西方人士容易適應的語言和文化環境。我認為，吸引到國際大企業進駐，無論是比較專門的醫藥科技企業，還是比較為大眾熟知的銀行或網絡企業，這個區的發展才容易成功。」

政府預期整個北部都會區發展完成後，可容納約250萬人居住，如何能吸引人才到該區工作及生活？王緝憲指交通接駁是首要的基本條件。「一向以來，新界北區的地價樓價上不去，就是因為政府刻意不發展那邊的交通網

> 如果北部都會區提供不同的發展機會，自然會吸引學生有興趣入讀相關課程，大學亦必須作出配合，提供data science等新的學科，吸引香港有志從事創科的學生就讀。

響非常大，但兩地之間卻是零距離，發展北部都會區可以很容易借力深圳的氣勢。」

他指出，要確保資金湧入和有份量的企業進駐，有兩個前提很重要。第一，做好與深圳的「四通」，即人流、物流、資金流、信息流的暢通。其中，人員流動尤為重要，畢竟香港希望能借助內地人才。

其次，須堅持與深圳不同的特色。他指：「香

絡。如果北區與九龍核心區的交通有更直接的聯繫，應該不用擔心其他配套行業的進駐，包括高素質的中小學。那裏不會成為今天維港兩岸這種國際級高端CBD（核心商業區），但形成一個類似沙田這樣很完善的都會區，機會很高。不過可能需要15至20年的時間。」

大學須加強培訓創科人才

談到如何培育創科人才，王緝憲表示香港的一

新界北部可以較快形成建設的土地不少，對香港的生態環境影響亦較輕。（亞新社）

大優勢是擁有高水平的大學，問題是這一代的大學生是否有興趣從事創科？「記得我在港大教書時，最優秀的學生是讀醫科及法律的，但讀其他學科的學生是否同樣出色或有興趣投入？我認為這是雞與蛋的問題，香港沒有企業需要實用科學，特別是工程、技術、生物、電子等人才，這裏的大學怎麼可能會提供這方面的培訓？」

北部都會區發展成為國際創新及科技中心，可望推動人才培訓。「如果北部都會區提供不同的發展機會，自然會吸引學生有興趣入讀相關課程，大學亦必須作出配合，例如港大可以提供data　science等新的學科，吸引香港有志從事創科的學生就讀，這點也是很重要的。」

此外，王緝憲認為加強港深合作，基建先行是很重要的，尤其是建設鐵路線，港深兩地鐵路會否銜接更加備受關注。他指出，大灣區內將會持續建設鐵路網絡，不計算香港在內，廣東省至2035年將會興建775公里的鐵路，包括高鐵及城際鐵路，相對於港鐵現時經營的鐵路綫全長256.6公里，即是未來大灣區的鐵路建設規模，相當於香港現時整個鐵路線三倍。

「你可以想像未來10多年，當隔鄰的深圳建設成高鐵的第三個樞紐，而香港沒有接駁上的話，連接全國各地的鐵路交通就會很吃虧。因此，我認為是必須接駁的，將會為香港帶來重大的機遇。」

王緝憲多次強調，在大灣區發展中，香港與深

圳緊密合作是重中之重。他指出，香港與深圳、廣州與佛山、澳門與珠海，是大灣區內最重要的三個雙城組合。「大灣區內，與香港關係最密切的就是毗鄰的深圳。甚至可以說，大灣區要成功發展，香港與深圳加強緊密關係是核心之一。深圳不僅最接近香港，發展快速，同時也是人口年齡最年輕的城市，在未來5至20年內，深圳對香港的未來發展，影響是非常巨大的。」

隨着港深進一步合作已是大勢所趨，王緝憲認

全球供應鏈角度，以及中國城市發展和管理角度，深圳目前的體制和社會發展階段處於一個很有競爭優勢的位置，但在對外貿易及國際化方面，深圳仍然需要香港，因此與香港的互補性極強。」

他認為，香港經濟的最大缺陷是沒有了製造業。香港過去多年奉行laissez-faire（自由放任政策），政府盡量不干預市場，結果是香港的大企業把資金都投向最賺錢的生意，即金融及地產，其他較小型公司就在海外發展，主要是

> 我認為特區政府的體制及和基本原則需要改革，雖然在支持科技創新方面邁出了小步，但仍然太慢。現今的國際形勢已經證明，小政府不可能讓香港走出困境。

為香港人的思維也要作出調整，他曾撰文指香港「與深圳這個生機勃勃、具有龐大製造業和消費發展潛力的城市零距離，成了香港繼續繁榮的重要依託，就像30、40年前香港是深圳發展的依託一樣。這就是我說的角色倒轉。」

港深雙城合作 互補性極強

他進一步闡釋：「我所以提出角色倒轉，原因是多認識深圳後，會發現深圳的發展相當全面，而且超級快速，人口由10萬增長至2000萬，只用了40年，是世界上前所未見的。從

擔當貿易中介角色。香港的四大支柱行業包括金融業、貿易及物流業、旅遊業、工商業支援及專業服務業。然而，服務業是需要有服務對象的，例如旅遊業必須有遊客到訪，這讓香港的經濟結構比較脆弱，容易受到國際上的大事件或大趨勢衝擊，近年中美博弈和新冠疫情在全球爆發，就突顯其脆弱性。

相對而言，深圳是內地最能跟上世界潮流的城市，也是最市場化的內地城市之一，同時亦與新加坡相似，由一個強勢政府主動參與推動經濟發展。王緝憲認為，在現今世界走向多元化

港深兩地鐵路銜接對加強兩地合作十分重要。（亞新社）

及多邊的「另類全球化」大趨勢下，兼備強市場及強政府才是一個有競爭力的經濟系統，可以承受衝擊及趕上潮流。」

香港優勢在規範化和國際化

他認為香港的最大優勢是社會規範化和國際化，事事與國際接軌。深圳最大優勢是年輕，充滿上進心。相比大灣區內的珠海、中山等城市以廣東人為主，做事節奏較悠閒，深圳卻並不那麼「廣東」，人口以外地人為主，說的是普通話。他們從全國各地來到深圳，正是為了掙錢創一番事業，因此有什麼需要改變的就改，不斷在進步，而且進步得很快。

隨着深圳製造業及創科在近20年以高速發展，並完善了對外交通基礎設施，對香港的機場及港口的依賴逐步減少，香港在很多方面已失去

優勢，但王緝憲認為深圳雖然發展很快，但仍未進入香港的「後現代社會」形態。香港的社會發展相對較成熟，有完善的醫療及社區服務，擁有高端的醫療專科如眼科及癌症治療，吸引高素質的醫生在香港生活及工作。

深圳很多產品出口或許已不再經過香港的港口，但在進入全球供應鏈過程中仍然需要很多專業服務，包括對企業的認證、保險、專利註冊等一系列服務，都是深圳未來五年最需要的。「在後現代、高密度社會的構建中所需要的很多設計、技術和服務，都是香港可以提供的。深圳的發展愈趨國際化，就更加需要香港的專業服務。」

王緝憲指，香港與深圳在多個領域都可以互補不足，達致「雙贏」，包括高科技、社會治

理、環境保護、國際法律訴訟、專利權業務及高等教育等領域。

香港年輕人須加深認識內地

他表示，香港在多元文化方面有一定的獨特之處，比起內地和深圳，雖然香港在科技人才數量上有很大落差，但港人習慣跨文化思維和後現代社會生活，有不同於內地的創意環境，年輕人具備創意思維，中英雙語有一定能力，是有條件發揮所長。

然而，王緝憲認為香港的年輕人必須對大灣區加深認識。他曾經在大學的課堂中問學生有多少人曾到訪日本，幾乎百分百說到過，但問及有多少人曾到過中國，卻只有寥寥數人。「記得年前街頭發生衝突時，有年輕人（對不同意見人士）說『返你的大灣區啦』，說明年輕一代中很少人知道，香港也是大灣區的一個城市，而大灣區內11個城市各有特色，差異也非常大。上兩代的港人熟悉的中山、江門、東莞、佛山和順德等，都是非常『廣東』的城市，與深圳很不同。廣州的變化也非常大。」

他說：「和這些城市共贏的前提，是了解他們。這一代香港人有多少人去過深圳、澳門和廣州以外的大灣區城市？不了解，加上政治上大都市人的偏見，就會自以為是，沒有意圖去了解，這樣就沒有了合作的前提。所以，最大的挑戰，在於如何放下各種偏見，去走走，去看看。」

早在北部都會區計劃公布前，中央政府近年先後發布《粵港澳大灣區發展規劃綱要》、《全面深化前海深港現代服務業合作區改革開放方案》（下稱《前海方案》），香港與深圳加強合作，進一步融入大灣區已成為未來發展趨向。港深合作的同時，是否也存在競爭？《前海方案》明言要吸引金融專才、法律專家、創新科研人員與青年創業者等，有人憂慮港深兩地或會出現人才競爭，甚至有人認為中央銳意發展前海，是為了在必要時取代香港的金融中心地位。

香港金融中心地位只升不降

「或許有人這麼想，但我個人認為，恰恰是香港的金融中心地位，是最不可能被前海影響的，因為香港的金融中心地位是以普通法為基礎建立的，這是內地沒有的，也不能變出來的，這是未來幾十年不變的一大優勢，再加上中國希望人民幣在未來10年實現國際化，令香港金融中心的地位只會上升而不會下降。」

「假設中國未來10年晉身成為世界第一大經濟體，而且人民幣會走出去，在這兩個前提下，香港的金融中心地位只會更加重要。」

王緝憲認為，對於廣東、香港和澳門而言，粵港澳大灣區的意義遠遠大於一帶一路。「一帶一路是一個超長期（直至2049年）的巨大工程和發展戰略。這個策略的成功和成功的路徑，更多的是依靠國家層面的推進和選擇，例如在

阿富汗局勢變化後，是否及如何把阿富汗納入中國向巴基斯坦伸展的經濟走廊？這種格局和動作，不是一個小小的香港可以參與或牽頭的。」

此外，近年中美關係緊張，也影響一帶一路的推進速度減慢。相反，大灣區作為大都市圈戰略，同樣是國家發展的重要策略，而大灣區策略本身，卻是需要香港發揮作用，將大灣區與東南亞國家形成雙循環發展的樞紐和中介。也就是，香港參與大灣區建設本身，可以看作是其對一帶一路與大灣區聯動的齒輪。

港深相互「嵌入」各保特色

王緝憲表示，未來10年，香港將會迎來巨大的變革，但香港不是新加坡，而是中國的一個特別行政區，成敗都必然與自己所在地區和所屬國家密切相關，大灣區是讓港澳更容易融入國家發展的一個框架。其中，港深進一步密切合作尤為重要。

「我用香港與深圳互相『嵌入』而不是『融入』發展，意思是雙方都需要找到一些可行的辦法，在保持自己體系的同時，與對方形成合力。一國兩制仍然和必須是香港的獨特優勢，與大灣區其他城市的關係也是如此。『嵌入』也需要香港作出改變。『改革開放』現在用在香港非常合適。」

然而，香港與深圳加強合作也存在困難及關卡，香港特區政府必須更加主動提出自己的建議和期望。王緝憲解釋說：「從中國的行政體系考量，香港與深圳不是同級政府，中間還有廣東省。因此，有一個隱形的協調問題，需要讓中央政府和廣東省政府都明白，港深盡可能攜手發展，是最好也是最快的手段，讓香港再次出發，讓大灣區取得成功。」

展望香港的未來前景，王緝憲表示，如果2022年全世界能走出新冠疫情困境，整體上是看好香港未來5年的發展前景，原因之一是隔鄰深圳的發展勢頭強勁，港深只要加強合作，已可長期推動香港繼續繁榮。

問題是深圳近年發展飛速，香港則較慢，政府必須更主動積極參與，加快發展。他認為香港面對三大挑戰，首先是政府執政能力的提升，香港必須改變過去小政府的格局，徹底解決土地和房屋供應問題是試金石。「我認為特區政府的體制及和基本原則需要改革，雖然近年在支持科技創新方面邁出了小步，但仍然太慢。現今的國際形勢已經證明，小政府不可能讓香港走出困境。」

第二是社會要形成新的共識，在「後國安法一國兩制」的新形勢下，如何建成一個符合國家需要的「資本主義香港」，形成一個在社會公平、環境保護和市場效率方面都可更持續的社會發展，並繼續高度國際化的都市。第三是外部環境的不確定，如何能避免香港成為中美博弈的棋子？「對此，香港是無能為力的。」他說。

王緝憲認為下屆政府的首要任務是解決房屋問題。（Shutterstock）

解決房屋問題是下屆政府重任

有評論認為北部都會區提出了宏觀願景，但遠水不能救近火。香港的房屋、發展不均衡等問題已導致社會矛盾加劇，經濟發展停滯不前。在下一個5年，香港要怎樣做才能改善現時的困局？

「下一屆政府的首要任務，就是解決房屋問題。如果特首選舉前有辯論，大概會湧現出不少可能的方案。目前愈來愈多的人認識到，土地供應不足，似乎沒有超長的建設周期問題嚴重。這又與我前面提到的官場文化和累積的繁文縟節有關係。」

至於發展不均衡和貧富懸殊問題，王緝憲認為需要創造更多就業職位，也需要改革稅收制度。「就業方面，疫情後大力推動旅遊業，是一個很重要的方向。香港還有非常多的旅遊資源，可以逐步開發。擴寬稅基講了幾十年，經濟好的時候，自然沒有人提，經濟不好的時候，沒有人敢提，這些都是政府缺乏承擔的表現。期待這方面先有一個詳細的研究，找到可以改進的方向。減少政府收入對房地產的依賴，才能從根本上讓政府不再是地產商背後那支持的大手。」灼

經濟新動力

提升金融中心地位
致力吸引創科人才

撰文：本社編輯部

今年是香港回歸25周年，如何把握大灣區的發展機遇，進一步提升香港的國際金融中心地位，以及善用國際化、基礎科研強勁等優勢吸引創科人才，發展香港的經濟新引擎，成為灼見名家七周年論壇主講嘉賓的討論重點。

2022年是香港回歸25周年，回顧過去四分之一世紀香港經濟的發展，見證了樓市及股市的高低起伏，雖然近幾年經歷了社會動盪及飽受疫情困擾，但2021年世界經濟自由度香港仍高踞全球第1；全球金融中心指數排名第3，僅次於紐約和倫敦；IMD世界最具競爭力經濟體排名第7、世界人才排名第11。統計至2021年6月底，香港也是全球最大人民幣離岸中心及全亞洲保險公司最集中的地方。

自2017年提出至2021年開始積極落實將香港、澳門與廣州、深圳等9個廣東省城市，透過深化合作、互聯互通，形成一個總人口超過8600萬，GDP達1.7萬億美元世界級城市群的「大灣區計劃」正緊鑼密鼓進行中。香港作為大灣區內最國際化的城市，尤其在「十四五規劃」中，中央已提出支持香港成為國際航空樞紐、國際創新科技中心、區域知識產權貿易中心和中外文化藝術交流中心後，更突顯了長期作為國際金融中心的香港，未來在大灣區將扮演更重要的角色。

管喬中：把握機會與大灣區城市共贏

廣東凱普生物科技股份有限公司總裁管喬中認為，「中港融合肯定是一種趨勢，而香港可以突出與大灣區其他城市不同的特點、優勢，甚至在某些領域擔當引領的角色，相信中央也樂見其成。」尤其香港在國際金融、法律、行政效率、教育都非常成熟，如果好好把握機會和其他9個城市分工合作，將會是共贏。

然而，根據粵港澳大灣區社會治理聯合研究中心調查，僅有六成香港人認為香港在大灣區內仍具競爭力，43%受訪者認為未來10年，香港競爭力會下降。究竟香港會因為「被規劃」失去昔日榮光，還是從更緊密地與內地的交流中拿到更多好處？

李浩然：中資企業可發揮積極作用

華潤集團粵港澳大灣區首席戰略官李浩然認為，香港要融入國家發展大局，中資可以扮演發揮積極作用的角色。以華潤為例，旗下華潤創業便與香港中文大學及香港城市大學簽署了

合作框架協議及合作備忘錄，攜手成立創科投資平台，同時也在香港舉辦大型招聘計劃，吸引香港優秀人才至大灣區發展，為大灣區人才交流做了良好示範。

根據2022年國際高等教育機構（QS）世界大學及亞洲大學排行榜，香港有3間大學躋身全球前50位、有2間名列亞洲前10名。根據歐洲工商管理學院（INSEAD）、人力資源公司Adecco和Google聯合發布的「2020全球人才競爭力指數」，香港在培育、吸引及挽留人才的能力名列全球第6。

黃克強：香港須致力吸引創科人才

香港科技園公司行政總裁黃克強指出，「香港有國際化、基礎科研強勁等優勢，但市場和人才是創科關鍵，香港需要背靠國內市場，發揮『引進來，走出去』的功能。並鼓勵更多本地人才投入創科行列，才能提升競爭力。」同時也要讓香港成為吸引全球人才的中心，如同美國矽谷一樣。

為配合「十四五」規劃，銳意打造香港成為國際創新科技中心，學界、產業界2021年積極合力推出了HKTech300、InnoHK（創新香港研發平台）等計劃，全力支持與扶植香港初創企業，為香港成為國際創科中心邁出了穩健的第一步。但初創企業不能只着眼香港市場，「香港是一個創新的發源地，而不是一個終點。」黃克強以許多在香港起家的獨角獸企業為例，

如商湯科技、GoGoVan、Lalamove都是着眼大灣區、全國乃至一帶一路國家市場的需求。

香港身為國際金融中心，也是進入中國14億人口市場的重要門戶，即便全球面對新冠疫情肆虐，香港在2020年至7月至2021年6月期間，新股集資額仍增加超過五成，港股成交增加近七成，資產及財富管理業的管理資產上升兩成，債券市場的國際債券發行量更居亞洲之首。一方面有不斷擴充的國際網絡，另一方面更與內地聯繫日趨緊密，形成前有路、背有靠的穩健格局。

對於「十四五」規劃中，中央計劃支持香港成為四大中心，2021年《施政報告》進一步宣布發展北部都會區、擴大香港發展腹地，如同香港總商會總裁梁兆基所説，香港可以泛城化，即整個香港城市化，才能將經濟能力覆蓋大灣區，促進港深以至大灣區產業合作。香港要同大灣區經濟融合，需要北區的拉動，因此，對於發展北部都會區，企業均樂觀其成。

2019年底開始的新冠疫情揮之不去，但疫情為全世界帶來負面影響的同時，其實也為地球帶來了工業革命後前所未有的潔淨，更加速了許多新科技的普及與發展。視訊會議、線上教學、遠距工作、網上訂餐成為再平常不過的常態。香港本地畢業生則可能因為大灣區的整體規劃與發展，反而多了更多的機會一展抱負與專長。希望透過我們採訪的專家學者，鑑往知來，在劇變的年代，找到改變的踏板、前進的良方。灼

管喬中：
突顯發揮香港特色優勢 積極融入國家
發展大局

撰文：何瑞莉 │ 攝影：文灼峰

管喬中 廣東凱普生物科技股份有限公司總裁。就讀韓山師範中文系,雲南大學中文系現代文學專業碩士。畢業後移居香港,任香港文化傳播事務所研究員、香港科技創業股份有限公司董事總經理。

現為雲南大學常務校董、名譽教授;韓山師範學院校董會副主席、客座教授、韓山研究院院長。曾主編中日研究叢書及參與其他大型書籍編輯。出版文論集《雲蹤雨痕讀書聲》,政論集《香港第三只眼睛——十年挑燈看劍》、《香港第三只眼睛——龍年吹角連營》、《香港第三只眼睛——一國兩制疏離與磨合》、《香港第三只眼睛——看中國新秩序》。

凱普科技生物股份有限公司總裁管喬中接受本社專訪時指出,在香港與大灣區融合過程中,香港可以突出自己與大灣區其他城市不同的特點、優勢,甚至在某些領域擔任引領角色。

踏入2022年,香港迎來回歸25周年。這些年來,港人心中始終歡欣與疑慮交織,與內地的關係亦跌宕起伏,凱普科技生物股份有限公司總裁管喬中認為,「香港回歸25年來,不可否認有一些潛在的矛盾更加突顯,但實際的融合變化其實是更大的,譬如香港現在有60萬至70萬人長期在國內工作、生活,加上香港700萬人中本來就有很多人是從大陸過來的,這種無形中的融合其實是更巨大的。」

中央加緊與港融合步伐

自2019年社會運動以來,無疑促使中央全面加緊與香港融合的策略與步伐,2021年中央首次派遣「十四五」規劃宣講團來香港宣導國家發展策略與方向更可看出端倪。管喬中認為,中央此舉值得肯定,「宣講團有肯定比沒有好,中央當然希望香港人都能確實明白國家發展走向,派員到香港直接溝通,亦可避免中間訊息傳達的落差。」

「過去因為歷史因素影響,香港公務員慣用英文思考,對國內的理念、概念、政治用語實際上並不熟悉,譬如計劃經濟,對於向來強調小政府大市場的香港來說,就顯得很陌生。」管喬中認為,宣講團來港的另外一層意義在於,「讓香港人知道中央在規劃發展前景時,並未將香港排除在外,而是把香港當成自己人,讓香港市民都清楚了解國家的政策方向對香港的影響。就動機及目的來說,宣講團來港已經得到了一個很好的溝通宣傳效果。」

管喬中觀察指出,「中央一定希望香港能更

管喬中在灼見名家七周年論壇擔任演講嘉賓。

好地理解、了解國家的發展前景，因為前景代表方向，如果方向都看不清楚，很多事就很難辦了，執行上容易變成南轅北轍。」其次，他認為中央此次派宣講團到香港背後突顯了另一個重大意義，那便是「賦予了百姓知情權，同時藉此機會聆聽香港民眾的反應與不同的意見，這是中共建政以來一個很重要的進步」。

人才交流融合勢不可擋

在香港與內地融合方面，他認為「路還很長，但這次中央宣講團來港就是一個雙方良好互動的開始，有總比沒有好」。他指出，

中港融合肯定是一種趨勢，「我覺得香港不管在過去、現在，都有很多自己獨特的東西，其中當然有好有壞，但如果要以此為藉口向兩個極端發展，好事也會變壞事。」他以香港與大灣區融合為例指出，「在這個過程中，我認為香港可以突出自己與大灣區其他城市不同的特點、優勢，甚至在某些領域擔任引領的角色，我覺得這方向應該是非常好的，相信中央也樂見其成。」

管喬中表示，中港人才交流及融合無疑是主流趨勢，加上海外回流或新聘人才勢不可擋，以港府月前提出招聘海外合格醫生回港為例，「有一部分人可能因自身利益關係持

反對態度,但招募海外人才已是趨勢,香港無可諱言缺乏某些領域的人才,若能吸引全球人才來香港大家互相交流融合,那絕對是好事。不要純粹以個人意識型態考慮香港未來整體發展,那無疑像唐吉軻德一樣,欲以一己之力跟中央政府對抗,那是沒有意義的。」

港完全是可以的。」

「如果老是覺得自己是無辜捲進中美大戰裏的棋子,這種想法本身就容易產生對立性。中國崛起實際上是整個中華民族在世界歷史發展進程中的階段性命運。」他十分贊同國家主席習近平提出的「中華民族是幾十個民族構成的利益共同體」,「他不僅簡單地指

> 中央一定希望香港能更好地理解、了解國家的發展前景,因為前景代表方向,如果方向都看不清楚,很多事就很難辦了,執行上容易變成南轅北轍。

認清局勢趨吉避凶

在國際局勢、兩岸政治形勢風雲變幻情況下,前瞻未來5年,管喬中認為,「只要中國不垮台,香港一定會更好。」常有輿論將香港及台灣比喻成中美博弈下的棋子,他不太認同這個說法,「為什麼要把自己當成是棋子呢?為什麼不能認為自己是主體的一部分,而且可能反過來影響大陸呢?」

「在整個中華民族結構裏,香港、台灣都有自己獨特的優勢,我認為香港應該要有自己的主體性和制高點,大灣區也好,一帶一路也好,中國崛起也好,香港應該要用更主動積極的態度去融合,發揮自己的魅力與作用,提升這些地區、國家不足的地方,這香

稱中華民族,而是承認中華民族是由很多不同的少數民族組成,當然漢族是主體,肯定也包括港澳台,甚至華人華僑,大家都是命運共同體,這在思維上是一個很大的進步。」

他認為,「香港、台灣應思考自己如何在中美大衝突裏趨吉避凶,調整產業結構、對外政策,謀求自己獨特的發展空間,以減少外界對香港、台灣的傷害。我個人認為,主動積極變成中國主體發展的一部分是一個不錯的方式。」

學歷史出身的管喬中以史為鑑,「中國並不是改革開放之後,才創造出奇蹟富裕的,早在明朝鄭和下西洋時,那時的中國已是全球生產力數一數二的發達國家;即便是積弱不

中央派遣「十四五」規劃宣講團來港宣導國家發展策略與方向，管喬中認為此舉值得肯定。（亞新社）

振的南宋，偏安汴京時生活的奢華與享受，也是令人讚嘆的。之後中國經歷清末、抗日、解放……不同時期的動盪，百姓生活自然也隨之起伏，歷史告訴我們，只要國家承平，百姓生活自然就恢復得非常快，這從改革開放40年看得尤其明顯」，他語重心長地說，「古今中外無數歷史告訴我們，國家不能動亂，一動亂就完了。」

縮小貧富差距共同富裕

回顧中共建政初期，曾以集體富裕為目標，

可惜當時總體生產力不足，加上缺乏生產、管理觀念，因此失敗告終。依照鄧小平的規劃，中國是要讓一部分人先富起來，再帶動落後地區和人民，最終實現共同富裕。管喬中說，「改革開放成功最關鍵的一點是，讓產業自由發展，無論國企、民企、外資、中外合資……，不管白貓黑貓能抓到老鼠就是好貓，經濟發展確實很快。」

「所以現在提倡共同富裕，我認為是好事。」但他提醒，「中國用40年的時間經歷了西方資本主義400年的時間，無可避免地也產生了

資本主義的弊病，譬如貪腐、財富過度集中等。」儘管2020年習近平已宣布中國全面脫貧，完成了歷史性階段任務，但不是所有人都過上了好日子。總理李克強2020年5月公開表示，中國有6億人平均月收入1000人民幣左右，由此可見，內地中低下收入社群，其實遠比想像中來得多。

制的是新興資本階層，不能讓他們成為「國中之國」，有更強的針對性和控制性。所謂的新興資本階級，目前矛頭指向中國本土的民營企業。「共同富裕是一個美好的名詞，不是說要跟文革掛鈎，還有中國要走回頭路什麼的，那不是的，我相信不會。」管喬中說。

> 香港擁有國際級的醫療技術與資源，我主張香港應該有自己的食品藥物管理局，可以有自己獨立的認證、發證體系，如此可避免錯失發展高端生物科技的機會。

據統計，中國最富有的20%家戶可支配所得是最貧困20%家戶的十倍；都市人的可支配所得則是鄉村的2.5倍；前1%的富人掌控了30.6%的家戶財富。貧富差距過大，勢必拖累中國經濟轉型的雄心壯志。因此，2020年1月，習近平在中央黨校研討班開班儀式上，罕見點名經濟問題會動搖中共的權力基礎，「實現共同富裕不僅是經濟問題，而且是關係黨執政基礎的重大政治問題。」而問題的根源則來自無序的資本。

經濟學人指出，很多分析將共同富裕視為文革和土改「打土豪」的再現，然而實際上並非如此，文革的目的，是讓底層百姓服膺毛澤東，習近平有些做法類似，但這次要控

2021年8月，習近平在中央財經委員會上，進一步將共同富裕和第三次分配掛鈎，強調高收入人群和企業要回饋社會。管喬中指出，「無可否認，像阿里巴巴的馬雲，也曾窮過苦過奮鬥過，也有本事、本領集中財富，但問題是阿里巴巴和螞蟻是利用政策的漏洞，用別人的錢形成了一個壟斷。現在中央並沒有公開沒收他的財富，只是透過稅收，透過二次分配，完成一些基本的社會公平。」

他認為，共同富裕是一個訊號，顯示中國是半資本主義、半社會主義的經濟體制，「有社會主義的心及作為，社會就比較不會失衡。實際上現在全世界成功的國家，肯定都是一半資本主義、一半社會主義，只是比例不同，

管喬中表示，香港在醫療領域大有可為。（Shutterstock）

譬如北歐，社會主義因素甚至比中國多，北歐國家的生活才是真正實踐共同富裕的情況。即使是孫中山先生，也提出實現民生應該是走西方資本主義的道路，但同時也要平均地權、節制資本，為什麼？因為如果資本不節制，社會便容易被大資本家等既得利益者壟斷。」

成立國際級科學院吸引人才

對於「十四五」規劃中，中央計劃支持香港成為國際航空樞紐、國際創新科技中心、區域知識產權貿易中心和中外文化藝術交流中心，管喬中認為，香港多年來已經是國際航空樞紐，但若要作為國際創新科技中心，「首先香港的科技人才就遠遠不如美國、日本，甚至不及中國內地多，這是肯定的。雖然香港擁有多間世界一流水準的大學，但仍不足以支撐香港成為一個世界級的創新中心。」因此，他主張「香港應該要有一個自己的準國家級科學院」。

「如果香港可以擁有自己的國家科學院，就可以獨立自主更靈活運用，例如不受中科院有外籍院士比例上的限制，可藉此吸引全世

界最頂尖優秀的創科人才，譬如中國、新加坡、歐美各國科學院的院士，甚至諾貝爾獎得主，香港自己就可以授與高級院士、榮譽院士頭銜，既是一種榮譽，也是一種吸引力，吸引全球科研人員為我所用。」他並指出，「就像世貿組織也有香港代表一樣，與香港一國兩制的特殊地位並不衝突，甚至可以運用得更好。」

「香港要成為創科中心，第二個要解決的是土地政策。因為即便給了很高工資請到一流創科人才，但來到香港便會被高昂租金及生活指數抵銷掉。曾蔭權執政時期，曾建議香港可以成為一個動漫中心，但行政過程冗長，後來便被深圳搶去做了，如今動漫已佔深圳文化創意產業的一個高比例。」他扼腕地說，科技創新中心不能只是口頭說說，還必須有政策配套，引進卓越人才，建立國際地位，缺一不可。

他亦認為，香港要成為區域知識產權貿易中心有可行之處，「一旦香港成為國際創新人才中心，便自然會產生知識產權交易，但建議香港也要有自己獨立的專利註冊與保護，如果只是靠北京中國專利總局授權的話，靈活及自主性便不夠。」

香港教育醫療領域大有可為

至於香港要成為中外文化藝術交流中心，管喬中認為，這反而是最不容易的，他提醒要避免三方面的干擾，「首先要避免狹隘的民族主義，其次是資本化的操作控制與壟斷，尤其要避免美國荷李活那種電影資本的過分操作及低俗的商業化影響，如何在大眾通俗及曲高和寡中求取平衡、拿捏，這一點非常重要。第三點是很難也是最重要的一點，避免八卦、媚俗這種次文化的影響。如果這三點可以避免，香港便可以有所作為。」

除了上述四個中心之外，他進一步認為，香港在教育及醫療這兩個領域也大有可為。原因在於，中國要達到共同富裕目標，必須強化社會安全網、改善年金制度、提供均等的公共服務（如：教育、醫療）使用機會。如此一來，才有辦法使收入分配呈現中間肥、兩端瘦的「橄欖型」。「而香港因地利之便，從來就是東西文化薈萃之地，很有機會將歐美長處及中國優良傳統融合，讓整個香港成為一個國際大學城。」

管喬中認為，「現在中國的教育發展有它進步的一面，培養了許多一流的航天、創科人才，但缺點是有時自信心不足，對西方哲學、自由思想的汲取及獨立批判精神也不夠，但香港可以沒有這些限制，香港的大學可以和其他國家許多優秀的大學在香港成立分校，除了吸引國際學生來香港就讀、學校亦可收取高昂學費，財政獨立、無需政府資助之外，還可避免本地父母過早將小孩送出國讀書，失去汲取優良傳統文化薰陶的機會，甚至受到外界誘惑走上歧途的狀況發生，一旦香港擁有這些國

管喬中認為，香港、台灣應思考自己如何在中美博弈裏趨吉避凶。

際大學，便可將這些優秀的畢業生當成優才留在香港。所以我對香港辦教育有很大的期望，也認為香港絕對可以辦得到。」

建議成立食藥局、發改委

其次是醫療，他指出，「中國現在醫療當然進步很快、很好，但香港擁有更國際級的醫療技術與資源，甚至我主張香港應該成立自己的食品藥物管理局，可以有自己獨立的認證、發證體系。」以他旗下的凱普生技為例，「我們曾經想過要在香港自主研發生物科技，但就是因為香港沒有自己獨立的認證

體系，所以在香港研發出來也沒有用，還是要去美國、中國登記，很難說香港沒有因此錯失了許多發展高端生物科技的機會。」

「凱普是扎根大灣區，布局全國，準備進軍世界。凱普現在中國大陸已有近200萬呎的自置物業，未來還將有自己的醫院，目前在中國有近50個化驗所、檢驗所，香港只有一個，也有很多藥物、試劑盒在研發、生產中。我們計劃以後在東南亞、一帶一路國家都參照香港檢驗所的模式作為model，所以如果香港有自己的食品藥物管理局會更加方便。」

凱普目前在北京設有管理、研發中心，上海、廣州、潮州有生技園區，「除了西藏、新疆沒有檢驗所，其他省份都有，所以目前沒有去前海、橫琴發展的計劃。」但管喬中贊同國家在香港多設立幾個不同產業、領域的發展中心，「如此可以促進各產業的相關發展，也才不會讓香港的產業空洞化、泡沫化，但重點是香港要有自己的主體性、制高點，配合國家整體發展互相融合，相信中央一定也會樂觀其成。」

在人才發展方面，管喬中表示，為了因應香港未來整體發展，香港的人口政策也應適時調整，「譬如老人家可以搬去房價、生活指數較低但依然擁有高品質老年照護的大灣區城市居住，甚至可以建很多個香港村。而香港如果擁有自己發展上的獨特性、自主性，相信全世界的人才自然都會被吸引來，我們可以吸引更多國內及國際優才進來，不分種族，不分階級，不分貧富，香港歡迎全世界所有的人才。」

他進一步建議，「甚至我認為香港也應該要有自己的發改委，才能更進一步了解中央想法與國家政策融合，甚至提出更好的發展建議，大家互利共榮，截長補短，不是很好嗎？」灼

香港擁有國際級大學，讓來自國內的優秀畢業生留在香港工作。（Shutterstock）

華潤〈集團
China Resour

李浩然：
香港需要構建新產業

撰文：曾紹樑　｜　攝影：文灼峰

李浩然 現任華潤集團粵港澳大灣區首席戰略官。北京清華大學憲法學博士，專攻《基本法》研究，曾任特區政府《基本法》推廣督導委員會委員、課程發展議會成員、華潤集團粵港澳大灣區發展辦公室主任兼秘書長、華潤資本董事總經理等職務。

曾出版《基本法起草過程概覽》、《基本法案例彙編》一，二冊、《以法達治》、《一國兩制下的香港法治和管治研究》、《國安法，廿三條，安全與自由？》、《從世界工廠到世界工程師——新時代下中國的一帶一路倡議》等專著。

剛當選立法會議員的華潤集團首席戰略官李浩然認為，香港在構建產業方面是非常弱的。特區政府怎樣與商界及其他持份者合作，在北部都會區構建新產業，是值得大家迫切思考的問題。

作為中資企業高層，李浩然當選立法會議員，晉身香港政壇，對推動中港政經融合將會發揮作用。他去年底出席灼見名家七周年論壇「經濟新動力」的討論環節中表示，除了北部都會區外，香港人應該放大去看兩個重要的概念：第一，什麼是大灣區，或者說，香港的競爭力在哪裏？

他說：「數十年來，香港的競爭力曾有一段輝煌的日子，所有事情都好像做得很好，但這只是一個特定的時段如此，如果放眼整個亞太區，當整個亞太區都發展得很迅速的時候，沒有一個單一城市可以將所有事情做好，它一定要跟鄰近其他的城市『拍檔』（合作），因此才有城市群的出現，才有大灣區的概念出現。」

結合周邊城市 才有競爭優勢

他接着說：「香港也是一樣，有一些行業例如在信息、資本、技術密集的情況下，是有優勢的，包括香港的大學，基礎研究的成績十分出眾。但是，我們怎樣把自己的優勢跟周邊的城市結合，將大家的競爭優勢融合在一起，令我們在經濟上得以繼續發展，這其實就是大灣區的概念。」

因此，李浩然指出，在香港參與大灣區發展，不是簡單的「返深圳」或者「返大灣區」，其實在香港已做着整個大灣區的工作；香港本身就是大灣區的一分子，這是第一個重點。

第二個重點是，「在我們這個時代裏，在經濟上，或者在環球產業上，已經出現轉變。」他說：「香港有許多中小型企業，過去經營得很好，也有許多全球網絡，然而，接下來的問題

是，當今世代的經濟模式將傳統中小企的角色改變了，即是說，點對點的服務已不再需要中介商。在這個過程中，香港現在的商業模式也在轉變，只不過轉變得比較慢而已。第二就是特區政府功能的設定，跟不上世界經濟的發展模式。簡單來說，我們談論北部都會區，這是一個很好的發展方向，但我們除了讓市民在區內安居外，還應該放什麼產業進去？」

李浩然坦言，香港在構建產業方面是非常弱

益、社會責任的看重程度較高之外，跟世界上其他企業沒有什麼分別。「中資企業既然一方面是香港的企業，例如華潤集團在香港已有過百年歷史，中資企業同時也是內地的企業，中資企業對於大灣區也好，對於香港市場也好，認識程度比較高，對於全球的視野也比較強，同時產業鏈比較長、比較完整，從這個角度看，無論是本地企業抑或外資企業，我們都願意與之合作。」

> 「首先，中資天然地認識內地市場，而且跟內地市場緊密相連；其次，如果單人匹馬融入競爭激烈的內地市場，其實一點都不容易，就算開一家咖啡店，租不同舖位，生意也不一樣。

的，特區政府怎樣可以與商界在北部都會區構建新產業，從而令區內居民可以安居樂業，不必長途跋涉到維港都會區上班，可以在當地上班，以免重蹈「天水圍城」的覆轍？「構建產業的能力，（以往）香港並不具備，這才是值得我們關心的問題。」他指出，怎樣能夠讓政府的政策落實，得到商界的合作，能夠構建起一些產業？「這個構建產業的能力，是值得特區政府和香港市民馬上思考的問題。」

華潤一向都在前海 必會積極投資

李浩然又認為，國企、中資企業除了對社會效

李浩然認為香港是一個進行產業轉化的好地方，華潤集團一直有機制與本地和內地大學合作，亦有興趣在香港成立產業轉化平台。

2021年9月，國務院公布《全面深化前海深港現代服務業合作區改革開放方案》，把前海深港合作區擴大7倍。李浩然指出，華潤「一向都在」前海，今後亦會在該區積極投資。

李浩然表示，華潤集團旗下的華潤創業近期分別與香港中文大學及香港城市大學簽署合作框架協議及合作備忘錄，攜手成立創科投資平台，旨在推動香港國際創科中心建設，促進科

李浩然出席灼見名家七周年論壇擔任演講嘉賓，暢論經濟發展的新動力。

研成果在香港的轉化和產業化，幫助香港培育高新技術企業，同時吸納優秀人才。

與本地大學合作 推動科研產業化

華潤創業與中文大學簽署的合作框架協議，以50:50的比例，各自出資不多於1億港元，在港成立公司，推動本地再生醫學及再生能源發展。

在再生醫學領域，合資公司將在港打造再生醫學中心，新建或擴建良好生產規範（GMP）實驗室、生產車間及相關設施與設備；為優秀的再生醫學科研項目提供科研投入；以及投資與細胞或基因治療相關且具備市場前景的企業。在再生能源領域，合資公司將發掘、投資及孵化具發展前景的新技術和產品，同時為推動低碳轉型提供技術和產業支持。

合資公司將借助中大的科研優勢與華潤的產業資源，協助香港建設為國際創新科技中心，打造雙贏可持續發展的戰略合作夥伴關係，吸引國內外科技人才落戶香港，構建國際水平的創科合作平台。

華潤創業同時與城市大學合作，成立首期為1億港元資本的創科投資平台，雙方各承擔一半，以促進城大組織的HK Tech 300初創企業項目產業化，孕育優秀科創企業。

李浩然表示，華潤未來還會繼續尋求與本地大學合作，將大學的科研成果產業化。他指出，

華潤集團與大學的合作，主要基於以下兩點：

1、有關大學長期的科研成果，當中有沒有適宜產業化的項目；

2、華潤一直有機制與內地大學合作，亦有興趣在香港成立產業轉化平台，因此，不限於本地大學科研成果產業化，亦可能會是粵港澳大灣區內大學的科研成果產業化。

是他們對自己的目標和規劃，比純粹本地畢業的同學更有想法。」

他補充說：「新同事總的來說都有很好的發揮，原來安排他們一半時間在香港、一半在內地，遺憾的是因為疫情關係，暫時未能通關，包括在內地的培訓、到華潤希望小鎮扶貧等活動，全部無法成行。不過，一俟恢復

> 香港傳統上與東南亞國家關係密切，又是大灣區其中一個中心城市，能夠提供高質量的仲裁和法律服務，核心能力為其他大灣區城市所無，是中國加強國際化的重要一環。

「春筍計劃」吸引優秀年輕人

李浩然說，華潤集團的「春筍計劃」（在香港的一項大型招聘計劃，目標3年提供2000個工作崗位）2021年進入第二年，成績令人滿意。「儘管主要招聘本港的年輕人，應徵者不少擁有香港、內地或海外結合的學歷，例如在內地大學修讀學士學位，在香港或外國修讀碩士課程，這類學生很多。」李浩然的辦公室去年招請了10位MT（管理培訓生），全部都有「混合」學歷。

他認為，從面試觀察，有「混合」學歷背景的學生有兩個特點：首先是視野更寬廣，「他們有自己的世界觀，對香港的定位、國家的發展和世界局勢有更宏觀的視野；其次

通關，這些活動都會繼續進行。」

響應中央扶貧 建設希望小鎮

資料顯示，希望小鎮源於華潤2008年響應中央扶貧開發的號召，利用企業和員工的捐款，以「環境改造、產業幫扶、結構重構、精神重塑」為目標，到貧困地區和革命老區的貧困鄉村建設新型小鎮。截至2020年，華潤已先後在廣西百色、河北西柏坡、湖南韶山、福建古田、貴州遵義、江西井岡山、寧夏海原、湖北紅安等地建設希望小鎮；至於貴州劍河、陝西延安、四川南江等地的希望小鎮亦在規劃建設中，這些小鎮的人口不但受惠扶貧政策，而且當地產品經華潤的物流

在深圳，華潤集團擁有一座形如春筍的中國華潤大廈。（Shutterstock）

網絡行銷各地，成為脫貧致富的關鍵。

李浩然坦言，對於新入職的同事，他的訓練會基於以下兩個原則：

1、希望他們多了解整個國家的發展，明白全球的經濟狀況，以至對大灣區的認知，因此要「兩條腿走路」——必須從事一些研究項目，同時跟進一些具體的業務項目；

2、希望他們熟悉一盤生意或整個商業活動的流程，因此他們一開始便要做BP（商業計劃），然後要在具體業務實踐這個計劃，整個流程都要跟進，過程中他們會有收穫，亦會有持份者般的投入。

他說，首先，這些年輕人都有很好的主意，「比方說，在五豐行利用在線（online）模式，運用在傳統的肉類銷售行業上，這樣的商業點子我們是很欣賞的。」

第二，「他們（MT）做了一些研究，特別是高科技產業化方面的全球項目研究，水準之高，在香港可以說是數一數二。例如他們研究了美國政府如何構建一個半導體平台，方便政府、業界與大學聯繫，以及進行資訊科技（IT）方面的交易，這些研究他們都做得很好。」他認為，這些研究對香港的創科，以至整個國家一些特定的行業都有參考價值。

自2006年起，華潤電力便開始進入可再生能源業務，包括太陽能發電。（Shutterstock）

中資巨企牽頭　融入國家發展大局

李浩然認為，香港要融入國家發展大局，中資可以發揮積極的作用。「首先，中資天然地認識內地市場，而且跟內地市場緊密相連；其次，如果單人匹馬融入競爭激烈的內地市場，其實一點都不容易，就算開一家咖啡店，租不同舖位，生意也不一樣。因此，如果不是大集團牽頭，融入的難度會比較大。」因此，他認為，大集團加上中資背景，既是內地又是香港的企業，應該很有條件在融入過程中發揮積極作用。

不過，他坦言，由於華潤的業務多元化，涉及國計民生各方面；例如由經營鮮肉業務的五豐行，到致力保護環境的華潤環保，以至高科技企業華潤微電子無所不包，而且每方面的業務均競爭激烈，因此，鼓勵創新的企業文化、打造重視員工價值創造的學習型組織，為員工搭建廣潤的發展平台，便成為必須。

受惠提前部署　無懼全球經濟衝擊

近期全球半導體供應短缺，汽車業因晶片荒叫苦不迭。李浩然指出，華潤集團旗下的華潤微電子不僅是國內領先的微電子企業，而且擁有從設計、生產到封裝的齊全半導體一體化產業鏈營運能力，對緩解晶片荒無疑可助一臂之力。

國家主席習近平最近在聯合國大會上，提出中國將大力支持發展中國家的能源綠色低碳發展，不再興建新的境外煤電項目，力爭在2030年前實現碳達峰、2060年前實現碳中和。李浩然認為，華潤電力得益於提前部署再生能源策略的成功，2006年起，華潤電力便開始進入可再生能源業務，包括風電、光伏（太陽能發電）、水電等，可再生能源的利潤逐漸追上甚至高於火力發電的傳統業務，對於配合國家碳達峰、碳中和政策的貢獻不可低估。

至於風電還是光伏更符合成本效益？李浩然認為不可一概而論，例如內地東南沿海適合安裝風力發電設備，相反，西北內陸則有相對充沛的日照，還有大江大河的水力發電等等。中國幅員廣大，不同的地方各有既合環保，又具效益的發電方式。

李浩然接受本社訪問時介紹華潤的業務，指出除了超市業務外，不少業務其實跟市民的起居飲食息息相關，例如供應豬、牛等鮮肉的五豐行、連鎖咖啡店Pacific Coffee、健康專門店華潤堂，還有啤酒、地產、水泥、電力、金融、燃氣、微電子等業務，是一個業務多元化的集團公司。

翻查華潤集團的歷史，可以追溯到1938年秦邦禮（中共早期領導人秦邦憲的胞弟）在香港成立的聯和行，1948年改組更名為華潤公司，1983年改組成立華潤（集團）有限公司，數十年來風雨兼程，現已列為國有重點骨幹企業。

除華潤大廈是華潤集團在香港的標誌性建築外，在深圳，集團也有一座形如春筍的中國華潤大廈；在東莞松山湖，華潤電力智慧能源研發中心已經動工；在惠州還有華潤大學，為集團培養行業和專業人才。

大灣區協同發展邁向高消費地區

李浩然表示，隨着粵港澳大灣區的發展，集團亦有擴大業務的需要。他分析，粵港澳大灣區9個城市和兩個特別行政區中，深圳將進一步與香港融合；廣州與佛山則會同城化發展；大灣區將以深港與廣佛兩地為中心。集團看好佛山交通，「由香港乘搭高鐵到廣州南站，再轉車到佛山西站，1.5小時便抵達佛山」。

另外，集團亦看好東莞和廣州南沙的發展潛力，「東莞產業升級轉型，深圳的高新技術將搬到東莞落戶」；「廣州的基礎建設如火如荼，十幾條地鐵線做好後，便會迎來發展高峰期」；「深圳土地嚴重缺乏，高新科技集中在南山區，因此會向東發展，與惠州進一步融合」。他認為，即使位處粵西的肇慶，亦有巨大的發展潛力。同時，隨着大灣區航空業的發展，預計將能與國內外其他地方產生協同效應。

李浩然坦言，隨着內陸地區經濟發展加快，廣東省內企業招工變得困難，「每逢春節便會走許多人」。另外，廣東省生態保護法規出台、

李浩然認為，香港要融入國家發展大局，中資可以發揮積極的作用。

自動化生產的趨勢等，亦壓縮了傳統勞動密集型企業的生存空間。

他斷言，未來大灣區一定會走高新科技、產業升級轉型之路，低端的人力密集產業勢難立足。同時，大灣區各市政府環保檢查效率的進步、市民日趨富裕，消費升級需求大，都促使大灣區漸漸轉變成高消費地區。

香港扮演大灣區面向國際重要角色

那麼，香港可以如何配合大灣區內城市的升級轉型呢？

李浩然認為，香港不僅是配合大灣區，香港的角色非常重要，他說：「沒有一座城市可以完成所有的事；香港傳統的金融能力強，是融資、交易的平台；香港有頂級的大學、足夠的科研能力，尤其是基礎研究的能力、教授水平高。將大學科研成果產業化和商品化是商界的角色，獨木不成林，要構建大學科研產業化的生態環境。只有在大中華市場商品化了，才能邁向全球。」他強調，大灣區城市可以緊密合作，成立合資企業，「香港不少大學在大灣區設分校或建立據點就是例子。」

香港的另一個優勢，「是全國最開放的城

市」。李浩然指出,中央提出「國內國際雙循環」的經濟戰略,如何與國際「循環」?香港可以繼續發揮作用,扮演重要的角色。

「香港傳統上與東南亞國家關係密切,又是大灣區其中一個中心城市,能夠提供高質量的仲裁和法律服務,核心能力為其他大灣區城市所無,是中國加強國際化的重要一環。」李浩然強調,華潤集團在香港出生成長,看好香港金融中心的能力、地理上聯繫全球的角色。

香港經濟前景的機遇與挑戰

展望香港的經濟前景,李浩然認為挑戰與機遇並存,理由包括:

一、香港是一個外向型經濟體,包括疫情控制也是防範輸入個案為主,可是,新冠疫情已摧毀了很多全球生產線,這對香港不能沒有影響;

二、美國唯恐中國國力追近,推出不少敵意的經濟政策,衝擊全球經濟復甦;

三、美國為了應付經濟困難和相對的衰退,推出許多貨幣手段,令全球經濟不穩,短期內比較動盪,會對香港造成衝擊。

不過,他認為,中國工業基本面好,內部經濟運作穩定,香港作為粵港澳大灣區的一部分,只要做好平衡,則可克服挑戰,找到機遇。

由此看來,有立足香港的中資大企業集團牽頭,粵港澳大灣區正是年輕人一展抱負、發揮

所長的廣闊天地,香港以自身優勢融入這個廣闊天地,應該大有可為。

《基本法》23條宜盡快立法

香港完善選舉制度後的首場立法會選舉2021年12月19日舉行,一些企業高層及具內地背景人士成功晉身議會,當中包括李浩然在內。身為立法會議員,李浩然認為在美國躁動之下,當今國際局勢十分混亂和危險,《基本法》23條立法不僅有必要,而且應該盡快立法。

「沒有法律管束,是最自由的,但是否對每個人都好呢?」他反問。「我們應該反思,去想一想,如果我們沒有法律保障時,我們的權利便可能被其他人傷害。就像2019年反修例事件中,我們看見黑暴,我們看見許多人無辜被傷害。」

他指出,23條位法所管理的,不僅是市民,更包括官員,其實在某種程度,官員所受的規管可能更多,因為他們掌握的信息更多。

那麼,新一屆立法會議員順利選出後,雙普選(普選立法會議員及行政長官)是否可以擺上議事日程呢?

李浩然認為,談論普選,整個社會要有共識,「我們亦應撫心自問,是否所有市民都已準備好,有共識,有方向?如果沒有共識,或者達不到共識,談更多普選程序也是枉然。」灼

黃克強：
創科是香港的生存之道

撰文：劉思銘 ｜ 攝影：文灼峰

黃克強 2016年8月獲委任為香港科技園公司行政總裁，帶領公司落實香港科學園以促進香港科技、創新及創業精神的發展為目標。持有香港大學電機工程學士學位及香港中文大學工商管理碩士學位。先後於多家跨國企業任職，曾在通用電氣的美國總部、中國內地及亞太區工作達15年，負責合併與收購、業務發展、產品管理及商業營運等工作。

擔任了將近六年香港科技園公司行政總裁，黃克強非常熟悉香港的科技發展潛力。他認為香港擁有國際化、基礎科研強勁等優勢，但市場和人才是發展創科關鍵，香港需要背靠國內市場，發揮「引進來、走出去」的功能，並且鼓勵更多本地人才投入創科大軍，才能提升本港的競爭力。

「當一個經濟體擁有蓬勃的創新科技生態圈，她的發展面貌會與眾不同。」這是香港科技園公司行政總裁黃克強的理念。過去30多年，他曾任職多所跨國企業要職，2016年帶着豐富的研發及營運經驗，加入香港科技園公司，負責策劃公司的發展藍圖。他接受本社專訪，闡釋如何改革香港的創新科技生態圈，以及本地企業怎樣掌握成長的密碼。

自《十四五規劃綱要》明確支持香港成為國際創科中心以來，香港政府積極投放資源培育本地創新人才，香港科技園公司開始頻密地出現在大眾的目光中。黃克強在慶祝科技園邁向20周年時指出，科技園將圍繞粵港澳大灣區的機遇、香港再工業化及培育新世代人才三個大方向開展工作，希望為經濟注入新動力。

他認為，香港不是沒有潛力發展創科，但是過往整個社會都沒有太重視這方面的發展，而一直緊守國際金融中心的位置。自90年代以來，香港經濟一直依賴金融等四大支柱產業，隨着近年經濟增長開始放緩，他直言「發展創科與再工業化不再是香港發展的選項，而是生存之道」。

當南韓、以色列每年投放的創科研發經費已經佔該國GDP逾4%，深圳更有6-8%，香港只有0.8%，而且增長幅度緩慢，「雖然創新及科技局成立之後情況有改善，但香港仍須承認遲了起步，必須急起直追。」黃克強指出，香港在國際化、基礎科研有優勢，但要真正發揮潛力，提升競爭力，需要擴大市場和人才供應，在國際金融中心以外，建立一個科技中心商業區，「未來的河套區必然成為龐大的科技中心」。

黃克強出席灼見名家七周年論壇，表示看好香港發展人工智能、生物醫藥科技及金融科技的前景。

吸引創投資金 幫助企業上市

要成就國際創科中心，就必須善用國際化的優勢。黃克強指出，香港在全球金融中心指數中仍穩守第三名，是各地人才和資金進軍中國14億人口市場一個十分重要的落腳點，尤其是規模較小及不熟悉內地市場的企業，應該引導他們投資本地及大灣區的創科項目。目前，科技園公司已吸引超過1000家投資企業在園內尋找目標，香港科技園創投基金（HKSTP Venture Fund）資產管理總額亦達到6億元，為生態圈建立了一個良好基礎。但黃克強相信，由政府和科技園擔當主要投資其實不利建立自給自足的創科生態

圈，未來香港的創投市場應該募集更多私人及國際資本來支撐。

所以，近年科技園公司也積極吸引外國大型企業投資本地初創企業，例如阿斯利康（AstraZeneca）近年看到香港生物科技的發展空間，便與科技園合作舉辦培育計劃。另一方面，科技園也會幫助企業走入市場，讓投資者更容易辨識投資對象。黃克強舉例，科技園最近與香港交易所簽訂備忘錄，向港交所提供生物醫藥科技領域的專業知識諮詢服務，並就生物科技企業申請上市查詢提供建議；另外，園方又與華懋集團啟動加速器計劃，協助十間創科企業在中環街市試

行房地產科技創新成果。他相信，這會改良現時的融資架構，而科技投資的氣氛也會愈來愈強。

港現人才缺口　鼓勵投身創科

香港強大的吸引力，除了國際化的一面，也有賴本地大學強勁的基礎科研實力。黃克強表示，一個彈丸之地，擁有多所大學位列世界百名以內，更孕育了12家獨角獸（市值逾10億美元的初創公司）企業，站在南中國的角度來看，暫時只有香港做得到。雖然香港擁有大量人才，但不是所有人都選擇走創科這一條路。他又提到，科技園公司2020年的職業博覽中，提供逾1100個科研職位，但聘請的人數不到200人，反映人才是接不上的。

政策和資源支援，最重要的是社會文化，那不是一朝一夕，買一部3D打印機便可以改變。矽谷也營運了40多年才有今天的規模，這需要一個世代的時間。」

黃克強覺得，改變文化的關鍵在於擁有更多成功的創科實例，「大家都經歷過相信讀商科、投資是最容易賺錢的時候，但隨着社會不斷發展，相信市民會知道創新力量才能令一個社會維持進步。正如清華大學的電子科學課程在這數十年間，在市民心中的地位亦不斷提升。」

為了向不同階段的創業家提供更多創科機會，科技園公司推出多項培訓培育計劃，包括明日創科領袖培訓計劃（TLT），讓園區內的企業為海內外大學畢業生提供培訓及全

> 「大家都經歷過相信讀商科、投資是最容易賺錢的時候，但隨着社會不斷發展，相信市民會知道創新力量才能令一個社會維持進步。」

他坦言，香港人真正投入創科都不過是近四、五年才開始。即使年輕人有意投身創科行業，但大多數父母都不希望成績優異的子女攻讀電腦、工程等學位，而是所謂前景最好的商科。因此，未來五年需要投入大量工作，提升香港人才的相關知識。「我們的產業重心正由low tech轉移至high tech，除了

職工作；IDEATION計劃則冀望在一年內，提供資金援助、導師指導及培訓、並提供工作空間，幫助企業落實創新想法，希望帶出持續培訓人才十分重要的訊息。

對於年輕人要用什麼心態看待創科，黃克強寄語他們一邊工作一邊虛心學習，不要怕輸、怕吃虧，創科是需要努力創造成果，才

河套區將發展成為龐大的科技中心。（亞新社）

能獲得賞識和更多進修的機會。另外，又要有全球視野，才能面對全球化的人才競爭。「我們會將這些培訓計劃逐步滲入大學，鼓勵他們創業。例如，科技園公司在2021年8月底與香港理工大學、香港科技大學簽署合作備忘錄，推動創業教育和共同培育計劃，希望加速實現將研究打造成商業化產品的進程。不論成功與否，相信對學生都有啟發。」

港深攜手合作 開拓創科空間

另外，一個國際創科中心必須匯聚全球人才。他笑言，「如果MIT（美國麻省理工學院）當年如果只招美國本地生，相信到今天只會是一間社區學院。」近幾年因為社會運動、疫情等原因令許多海外人才卻步，但伴隨疫情放緩，香港未來有望吸引更多人才。他又指，創科局應領導不同持份者、部門，合力推動培訓人才，促進香港成為區域、國際的研發人才中心。

他指出，香港的生活方式接近歐美國家，加上政府近年投放不少資源發展創科，機會就在眼前，相信對外來人才具吸引力，像科

學園已有20多個國際大型科研機構進駐。但是，香港土地供應緊張、物價和樓價指數都很高，要如何挽留人才？黃克強對此比較樂觀：「很實際，只要有機會，他們就會留下。」除了政府會加快審批工作簽證外，科技園公司也在科學園關地興建住宿設施Inno Cell，提供低於市價的房間。現時提供約300間房間予園區內企業的本地及海外員工申請，開始數月時已有逾一半的入住率，成效相當不錯。

人，即使有好的科研成果，但是沒有人買，或者定價、售後服務參差，在市場上都是沒有競爭力的。創科的value chain（價值鏈）是一個很漫長的過程，不能一蹴即就。」但是那個市場在哪裏？

背靠灣區市場 創造經濟利益

要將香港打造成國際創科中心，初創企業就不能夠只着眼香港市場。黃克強不諱言：「香港市場人口很少，只是為了本地市場而開發出來

> 「香港市場人口很少，只是為了本地市場而開發出來的產品通常成功率不高，一定要放眼世界，香港是創新的發源地，而不是一個終點。

此外，科技園公司又與不同企業、學校合作，在白石角擴充土地以外，開闢更多創科空間，包括金鐘和西環，希望以最少成本為大眾提供空間；位於落馬洲河套地區的港深創新及科技園更坐擁比科學園大四倍的空間，2024年將會有第一批建築物落成，相信能夠容納更多創科企業。

一個完善的創新科技生態圈，需要不同社會角色來合作，不能靠一己之力完成，當中包括科研、商品化、市場推廣、量產、投資、客戶服務等環節。他強調：「我經常挑戰別

的產品通常成功率不高，一定要放眼世界，香港是創新的發源地，而不是一個終點。」大灣區、東南亞市場一直都是香港吸引外資的關鍵。

他以許多在香港起家的獨角獸企業為例，商湯科技、GoGoVan、Lalamove都是着眼大灣區、全國以至一帶一路市場需求；在西方，矽谷、以色列等著名的創科中心市場也不大，同樣需要美國，甚至全球市場支撐才能生存。大灣區不只是一個概念，那是一個擁有7000萬人口，加上國家重點發展所帶來的龐大資源市

"香港科学园深圳分园"框架签约仪式

深圳　2021年9月6日

科技園公司與深港科創公司協議建設香港科學園深圳分園，推動大灣區的創科發展。（政府新聞處）

場。再者，香港本身就是大灣區的一部分，而鄰居深圳過去成功開創許多創科公司，兩地應該協同發展，創造更多經濟利益。

他冀望港人理解，雙城（twin cities）發展是世界大趨勢，例如美國的紐約與波士頓、聖地牙哥與三藩市，英國的劍橋與牛津市，兩者既合作也競爭，發揮的經濟效益遠比單一城市大。而相比它們，香港與深圳的優勢是只有一河之隔，往來交通十分方便，而紐約與波士頓等地動輒相差200多英里，需要數小時車程，效益便打了折扣。

至於深圳近年實力大增，兩地合作會否加快深圳取代香港的步伐，黃克強則認為競爭是好事，「我們必須以一個整體來思考我們與世界的關係」，大灣區便是一個很好的框架，讓本港利用優勢爭取世界落戶大灣區（包括香港）。「而大家有不同的資金和人才來源，不用擔心某方會完全完全吸乾另一方的人才或資金。事實上，香港也吸引了不少國內人才落戶。」

港深創新及科技園是科技園公司與內地的重點合作項目，興建時採取「一區兩園」的概念，希望打破香港與深圳之間的經濟隔膜。伴隨2021年9月初，中央公布前海合作區擴大七倍至120平方公里，相當於九分之一個香港，港深創科園將會建設成一個跨地域的創新科技生態圈，協助科技企業走向世界，同時吸納海外資金進入大灣區及亞洲其他地區。

另外，「香港土地資源寶貴，科學園僅有0.22平方公里，採用密集式的科研發展模式，已經容納了1000多家公司。未來利用前海開發，則可以容納更多企業進駐。」他透露，聯合辦公室正在福田視察不同地點作未來擴充之用，最快2022年能夠開放幾萬平方米的園區；科技園公司也在大灣區其他地方探討不同的合作可能，例如與科大簽訂戰略合作備忘錄，將孵化器計劃推展到南沙。

幫助大灣區「走出去，引進來」

黃克強重申，香港幫助大灣區「走出去，引進來」是發揮兩地經濟潛力的最佳辦法，包括吸引香港或外國的公司，通過福田等地開發內地市場；以及吸引大灣區甚或全國優秀的初創企業，通過香港科技園公司，開發一帶一路以至全球市場。

科技園公司對進駐企業的限制相當少，唯一的限制便是50%以上的員工必須是科研人員，「透過幫助大學生做創業培育（incubation），先在大學孵化，再來科學園繼續發展產品以及大灣區市場。如果你只是留在這裏做生意，科學園是不歡迎的，希望這裏集中變成一個生態圈。」

為此，科技園公司成立了大灣區業務拓展服務平台GBA Express，幫助初創公司了解外地市場的特點。「疫情前，我們的企業顧問會定期與貿易發展局、投資推廣署、ETO外派辦公室等帶公司去外地開發市場，包括介紹如何開公司、尋找適合的市場、人才、投資者等等。」

另外，在科技園公司與深港科創公司協議建設的香港科學園深圳分園中，又會發展大灣區創科快線（GBA InnoExpress）和大灣區創科飛躍學院（GBA InnoAcademy），為大灣區培育創科人才，並為創科企業提供業務發展及投資配對的支援服務。

香港再工業化 推動產業多元

至於香港應該在大灣區產業鏈中扮演什麼角色，黃克強認為，相比新加坡製造業佔當地GDP 20%，香港只佔約1%，產業過於單一，不利經濟發展。因此，我們必須推動以創新科技為基礎的再工業化，或稱為工業4.0，鼓勵製造商在香港建立智能生產線，並研發更多特色產品，可以為香港帶來更多商機。

「透過重新定位旗下三個工業邨為創新園，建設先進製造業中心（AMC）、數據技術中心（DT Hub，已經啟用）、微電子中心（MEC）等技術主題建築，科技園公司希望幫助工業界與科技接軌，將研發成果商業化、大規模生產；同時，引進更多高附加值、高科技含量和先進工藝製程企業，建立完整的生態圈，確保本地工業社群持續發展，延續香港品牌的市場。」黃克強並不擔心沒有產業回應，相反，許多廠家都曾表示希望將業務回流香港，包括食品、製藥、物流，甚至航天，估計將會有一定的進駐率。

他強調，香港仍有不少擅長製造微電子的企業，例如在疊高微電子（heterogeneous electronics）領域，並有基礎繼續發展，特區政府應該加強支持微電子業發展。科技園在2019年亦開展了人工智能晶片高峰論壇，希望推動人工智能硬件的發展。尤其在中美角力下，美國實施科技出口制裁，許多敏感設備開始無法出口，更加迫使香港自主研發技術，支援相關產業。「但香港不會回去高度工業化程況，和TSMC、SMIC大型鑄造廠

香港科學園僅有22公頃，採用密集式的科研發展模式，已經容納了1000多家公司。（Shutterstock）

黃克強指出,香港市場人口很少,創科發展一定要放眼世界。

（foundry）競爭,只會做中線、高科技、佔地少的生產。」他指出。

展望未來,香港會不會再有特定行業獨佔鰲頭?黃克強笑稱,「我們不可能預計未來有什麼科技出現,因為有90%機會都是錯的。但伴隨愈來愈多公共或私企開放數據,大數據及人工智能必然急速發展,甚至變成另類科技;加上人口老齡化加劇,生物及健康科技也必然發展得很快。」

另外,他指出綠色能源科技也會備受關注。「中央政府已經提出2060年前要達到碳中和,因此ESG（環境、社會及管治）將由以往一種社會責任,變成法規要求,這方面的技術需求會大大增加。」

但最終香港不會樣樣精通,「香港有其優點與限制,在人工智能、生物醫藥科技、智慧城市以及金融科技方面,香港有充足的科研根底、充裕的人才來發展。」我們或可預期,這些行業有機會突圍而出。灼

近500位
分享
權威識見

專家學者
所學
盡在灼見名家

香港下一個 5 年

出版人： 文灼非

編輯： 凌嘉偉

排版設計：Andconcept Design、黃晨曦

出版： 灼見名家傳媒有限公司
香港黃竹坑道21號環匯廣場10樓1002室

發行： 香港聯合書刊物流有限公司
香港荃灣德士古道220-248號荃灣工業中心16樓

總機： 2818 3011

傳真： 2818 3022

電郵： contact@master-insight.com

業務查詢： 2818 3638

網址： https://www.master-insight.com

FB專頁： https://www.facebook.com/masterinsightcom

YouTube 頻道：https://www.youtube.com/channel/UCUqHVR5kzBR4zjoof3PWP_g

印刷： 利高印刷有限公司
香港新界葵涌大連排道21-33號宏達工業中心9樓11室

出版日期：2022年4月

免責聲明：
本出版社已盡力確保內容正確無誤，本書只供參考用途。

灼見名家網站

灼見名家
Facebook

灼見名家
YouTube頻道